JN412696

한 달
5만 원
인테리어

최소 비용으로 멋진 공간 만드는 아이디어 44

한  달
5 만 원
인 테 리 어

쉽게 고쳐서 더 좋은 우리 집

김희원 지음

RHK
RH Korea

한 달 5만 원, 살면서 고친 우리 집

요즘 개인 공간에 대한 니즈가 크게 늘면서 인테리어에 관심을 갖는 분들이 많습니다. 여러 미디어에서도 어서 빨리 깔끔한 집에서 살라고 부추기지요. 보기에 좋고 살기도 좋은 집을 마다할 이유가 없습니다. 하지만 집을 꾸미는 게 쉬운 일은 아닙니다. 섣불리 인테리어를 시도하지 못하는 이유는 다양합니다.

내 집이 아니어서
비용이 부담스러워서
공사가 번거로워서
시간이 없어서
뭐부터 해야 할지 몰라서

제 경우는 그랬습니다. 명의로는 내 집이긴 하지만 대출을 잔뜩 끼고 있는 상황에서 수천만 원짜리 인테리어 공사를 맡기는 건 다른 세계의 일처럼 느껴졌습니다. 또 살림살이를 모두 치우고 공사를 해야 하는 것도 부담스럽더군요. 게다가 회사 일을 해야 하니 완전히 뒤집어 엎는 인테리어는 감당이 안 될 것 같았습니다. 그럼에도 조금 더 예쁜 집, 깔끔한 집에서 살고 싶었습니다. 아니, 아내와 딸에게 예쁜 집을 만들어주고 싶었습니다.

나도 예쁜 집에서 살고 싶다

헤아려보니 경기도 언저리, 공기 좋은 곳에 위치한 아담한 집에서 첫출발을 한 지 벌써 9년이 되었습니다. 결혼 전 먹을 것 안 먹고, 입을 것 안 입어가며 작은 자동차 한 대 없이 직장생활을 한 결과, 결혼하며 아담한 집 한 채를 마련할 수 있었습니다. 때마침 심각하던 전세난도 한

못했지요. 물론 어마어마한 대출도 함께였습니다.

현관부터 거실까지는 내 것, 안방과 화장실은 은행 것인 저에게 세련되고 깔끔한 집은 언감생심이었습니다. 인터넷 속 멋진 집을 소개하는 글이나 기사는 다른 세상 이야기로 여기며 살아왔습니다. 덩치 큰 혼수 가구와 아이가 자라는 속도와 비례해 빠르게 증식하는 물건들이 집을 가득 채웠지만 작은 집이 다 그러려니 하며 눈 딱 감고 지냈습니다.

그러던 어느 날, 집을 정리하다 우연히 아내의 수첩 속 '나도 예쁜 집에 살고 싶다.'라는 글을 보게 되었습니다. 평소 같았으면 '이번 생엔 틀렸어.'라고 농담을 던졌겠지만, 그날따라 문득 육아에 지친 아내를 위해 집을 고치고 싶다는 생각이 들었습니다. 지금보다 밝은 환경이 되면, 우리 가족의 삶의 질이 더 높아지지 않을까 싶었거든요.

천천히 매만지며 살아가기

마음먹은 것까지는 쉬웠으나, 대출 잔뜩 낀 집에 사는 저로선 가장 큰 난관은 돈이었습니다. 벽, 바닥, 싱크대, 문, 화장실. 집을 고치고자 할 때 가장 기본으로 떠올리는 곳입니다. 사실 인테리어의 모든 것이죠.

일단 견적을 받아보니 3천만 원이 훌쩍 넘었습니다. 그것도 가장 저렴하고 단순한 걸로 골랐을 때 이야깁니다. 각각 나눠서 공사를 맡긴다 해도 2~3천만 원은 쉽게 들겠더군요. 그정도 여윳돈이 있다면 이미 대출금을 갚는 데 썼을 겁니다. 결국 인테리어 공사를 하려면 추가 대출을 받는 수밖에 없는데, 그렇게 집을 꾸민들 과연 마음이 편할까 싶었습니다.

이도 저도 힘드니, 직접 고치기로 마음을 먹었습니다. 어떤 사람들에게는 골프나 해외여행이 취미이듯이 퇴근 후 시간에 집을 손보는 것을 취미로 삼아도 좋을 것 같았습니다. 지극히 개인적인 취미 활동이니까 가계와 생업에 무리가 가지 않는 범위 내에서 하겠다고 나름의 규칙을 세웠습니다. 그리하여 제가 세운 규칙은 이렇습니다.

한 달 5만 원만 쓴다.

퇴근 후 시간을 이용한다.

집을 뒤집어엎지 않는다.

저는 이 약속을 꽤 잘 지켰습니다. 한 달 용돈 5만 원으로 퇴근 후에만 하는 게 가능할까 싶기도 했지만 도리어 큰 장점이 됐습니다. 많아야 한 달 5만 원이니 실패 부담이 별로 없었습니다. 퇴근 후에만 해야 하니 최대한 시간을 아끼는 방법을 생각하게 되고, 최소 노력으로 최대 효과를 노리는 데 집중하게 됐습니다. 천천히 매만지는 만큼, 일상생활에 불편함을 주지 않으려 했습니다. 매일 하다 만 인테리어 자재들이 집 한구석에 펼쳐져 있다면, 결코 편안한 집처럼 느껴지지 않을 것입니다. 그래서 작업을 시작하면 2~3시간, 최대 3일을 넘기지 않았습니다. 한마디로 '무리하지 않는다.'라고 말할 수 있겠네요. 한꺼번에 전부를 바꾸겠노라 욕심 내지 않고 천천히 조금씩 매만지겠다고 생각하니, 꾸준히 할 수 있었습니다.

생각하기 나름입니다. 저는 이런저런 제약 때문에 셀프 인테리어를 시작하게 되었지만, 마음에 드는 타일을 직접 골라 붙이고, 제 취향에 맞는 과감한 컬러를 골라 페인팅할 수 있었습니다. 마음에 안 들면 언젠가 5만 원 내에서 또 바꿀 수 있겠지요. 긴 출퇴근 시간 인터넷 세상을 배회하기보다 가족에게 필요한 가구를 계획하다 보면 기성 가구보다 훨씬 쓰기 편한 나만의 가구도 만들 수 있습니다. 비록 전문가분들이 만든 가구에는 못 미치겠지만, 가성비를 중요시하는 저에게 딱 맞는 실용적이고 의미 있는 가구가 됩니다.

저처럼 작은 돈으로 퇴근 후 틈새 시간을 이용해 우리 가족을 위한 맞춤 공간을 만들어나가는 것, 괜찮지 않습니까?

한 달 5만 원으로요.

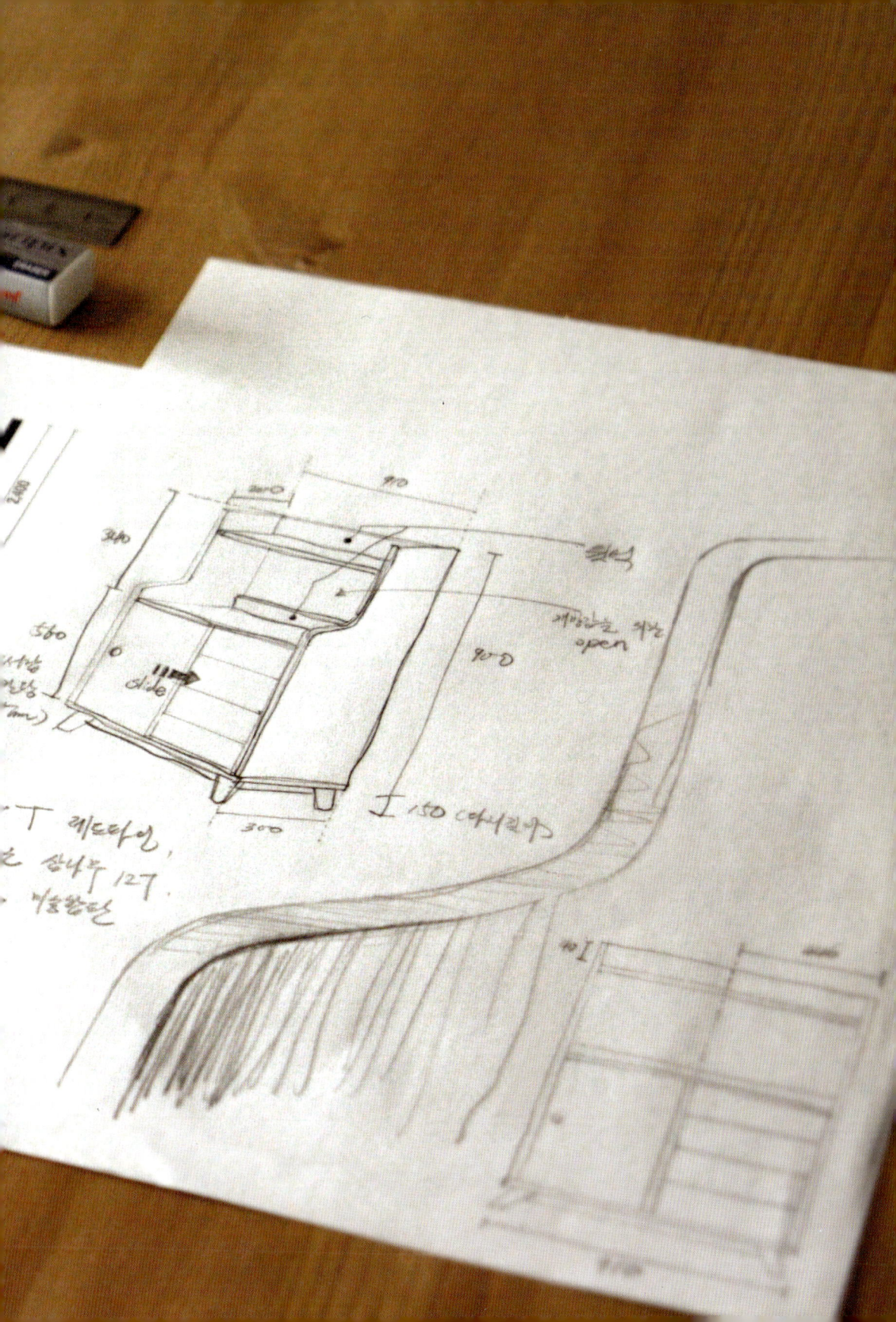

2 조금씩 천천히 고치기

Living Room

Entrance

Room

집을
고치기로
마음먹었습니다

내가 살기 좋은 편안한 집은

좋은 집이란 뭘까요?《제가 살고 싶은 집은》이라는 책을 좋아합니다. 건축가와 건축주가 1년간 이메일을 주고받으며 원하는 집에 대한 모습을 그려나가며 집을 짓습니다. 내가 꿈꾸는 집의 풍경을 더듬어 매만져가는 과정이 참 인상적이었어요.

모두를 만족시키는 집은 없습니다. 어떤 사람은 살림살이가 겉으로 드러나지 않은 네모반듯한 집에서 편안함을 느낄 수 있습니다. 어떤 사람은 나무와 풀이 어우러진 초록에 파묻힌 집에서 안락함을 느낄 수 있고요. 또 어떤 사람은 수집품이 촘촘히 전시된 집에서 행복감을 느낄 수 있습니다. 누군가에게는 불편할 수도 정신없을 수도 있지만 말이죠. 커다란 싱크대가 누군가에게는 꿈의 주방이, 누군가에게는 불필요하게 자리만 차지하는 주방이 될 수도 있습니다.

찬찬히 집을 고치는 셀프 인테리어의 가장 큰 매력은 비용도 비용이지만 내가 원하는 스타일로 집을 매만질 수 있다는 게 아닐까 싶습니다. 하지만 단번에 시공하는 것이 아니기에 그때그때 기분에 따라 손본다면 끊어진 사다리를 오르는 것과 같을 겁니다. 특히 저처럼 퇴근 후 조금씩 천천히 작업해 나가는 경우, 최신 트렌드만 좇게 되면 한쪽 면은 깔끔한 모던심플 스타일이, 맞은편은 아기자기한 킨포크 스타일이 될 확률이 큽니다. 부분만 보면 예쁘지만 통일감 없이 혼란스러운 분위기를 만들기 십상이지요.

다른 사람들이 꾸며놓은 집의 좋아 보이는 부분을 모두 따라할 것이 아니라, 추구하는 집의 형태를 확실히 해야 하는 이유입니다. 인테리어를 시작하기 전에 반드시 '나는 어떤 집에서 살고 싶은가?'를 꼭 생각해봐야 합니다.

인테리어 전에 생각해보면 좋을 키워드 4

1. 가족 상황

싱글이거나 아이가 없는 부부라면 다양한 시도를 할 수 있겠지만, 아이가 있거나 부모님과 함께 살고 있다면 각자의 생활에 맞는 집으로 꾸며야 합니다. 아이가 어리다면 텅 빈 공간이 매력적인 미니멀리즘 인테리어는 솔직히 유지가 쉽지 않습니다. 또 동생까지 낳을 예정이라면 철제 가구, 벽돌 등으로 대변되는 인더스트리얼 인테리어는 거친 자재 탓에 왠지 불안하게 느껴집니다. 부모님이 익숙하게 생활하시는 공간을 내 취향대로 크게 뒤엎고 주방을 축소한다든가, 욕조를 없애버린다든가 할 수는 없겠지요. 나의 상황에 맞는 현실적인 목표가 반드시 필요합니다.

2. 취향

거창할 필요는 없습니다. 방향을 정한다고 생각하시면 됩니다. 저는 눈으로 볼 때는 레고로 한 면을 가득 채운 집도 좋고, 가구 하나 없는 미니멀 하우스도 좋아하지만, 나 혼자 사는 집이 아니고 아이의 책이 넘치는 '현실적'인 상황을 고려해서 인테리어 콘셉트를 잡았습니다. '가족이 즐겁게 소통하며 지낼 수 있는 포근한 집.' 그래서 나무와 흰색을 주조색으로 한 내추럴 인테리어를 중심으로 잡고 변형을 시도하고 있습니다.

3. 비용

인테리어에 관심 있으신 분은 아마 아실 겁니다. 모든 취미생활이 그렇듯이 눈 높아지는 속도가 타의 추종을 불허한다는 걸요. 멀쩡한 수건걸이와 고장도 안 나는 전구가 원망스러워지는 놀라운 경험을 하게 되실 겁니다. 달 수 있는 전등은 한정되어 있는데 취향 저격 제품들은 어찌도 그리 많이 나오는지. 이때 예산이 좋은 방어막이 되어줍니다. 월 5만 원의 긍정적인 효과가 여기서 빛을 발하지요.

4. 집중

집의 분위기를 결정하는 메인 공간을 설정하세요. 주방이 돋보이는 집을 원한다면 거실을 조금 할애해서라도 넓은 조리공간을 확보할 것을 염두에 둬야겠죠. 대신 거실이 좁아지는 걸 감수해야 하고요. 버릴 수 없는 짐이 많다면 수납에 집중해야 할 것입니다.

취향의
발견

인테리어 자료들을 찾다 보면 프로방스, 미니멀, 내추럴, 모던, 북유럽 인테리어 등 다양한 인테리어풍에 대해 이야기합니다. 사실 인테리어 컨셉이 무 자르듯 팍팍 나뉘는 것은 아닙니다. 같은 인테리어를 보고도 다르게 분류하곤 하거든요. 하지만 굵직한 방향은 있습니다. 본인의 취향과 요즘 인테리어를 파악해 보시라고 요즘 핫한 인테리어풍과 핵심 컬러, 재료 등을 소개합니다. 인테리어 방향을 정할 때, 지금 집에 있는 가구와 물건들을 반드시 함께 고려하시기 바랍니다. 모두 버리고 다시 살 요량이 아니라면 지금 사용하고 있는 멀쩡한 것들을 최대한 활용할 수 있는 방향을 생각해보는 것이 좋겠지요.

무채색을 베이스로 한 가구와 소품들에 채도가 높지
않은 컬러들을 사용해 간결하고 정돈된 느낌입니다.
독특한 패턴의 패브릭과 가구와 소품의 곡선이 날카
롭지 않은 분위기로 만들어줍니다.

모던 인테리어

무채색을 주조색으로 사용하여 간결하면서도 세
련된 느낌을 연출한 인테리어입니다. 직선과 직
각이 돋보이는 각 잡힌 가구나 소품이 모던 인테
리어의 분위기를 담당합니다.

인더스트리얼 인테리어

콘크리트, 벽돌, 철 등 소재의 질감이 드러나도록 가
공을 최소화해 낡은 듯하면서도 거칠고 전체적으로
무게감이 있는 느낌입니다. 파이프 선반, 낡아 보이는
듯한 철제 가구 등이 잘 어울립니다.

내추럴 인테리어

나무나 패브릭, 풀, 가죽 등 자연의 소재를 사용
한 인테리어입니다. 부드러운 색감을 중심으로
하여 따뜻하고 안정감 있는 분위기를 연출하기
좋습니다.

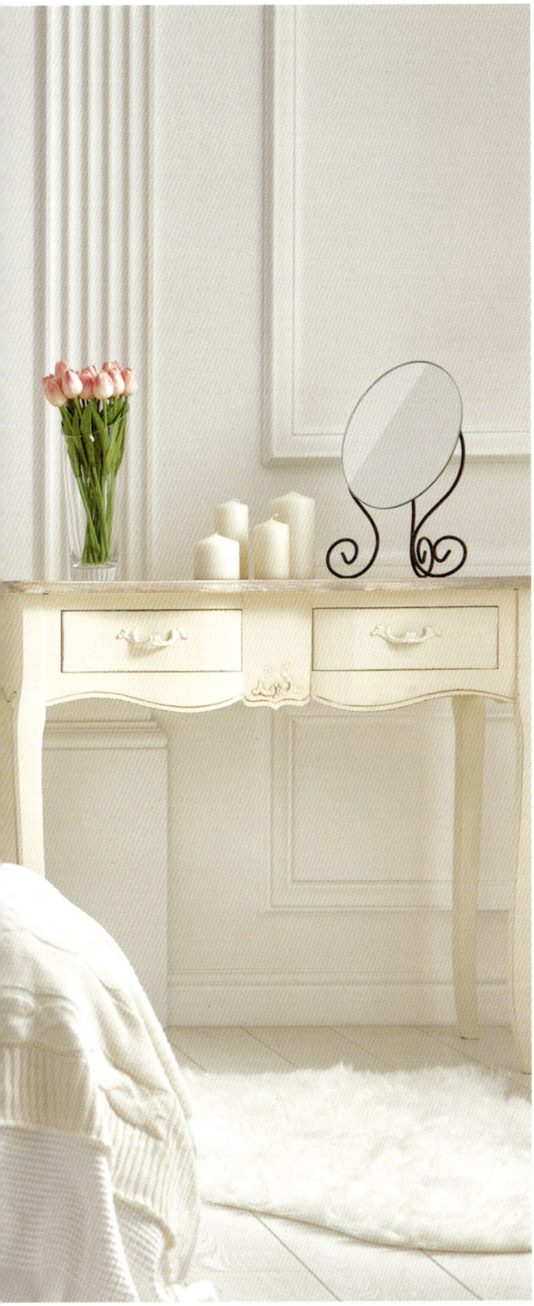

클래식 인테리어

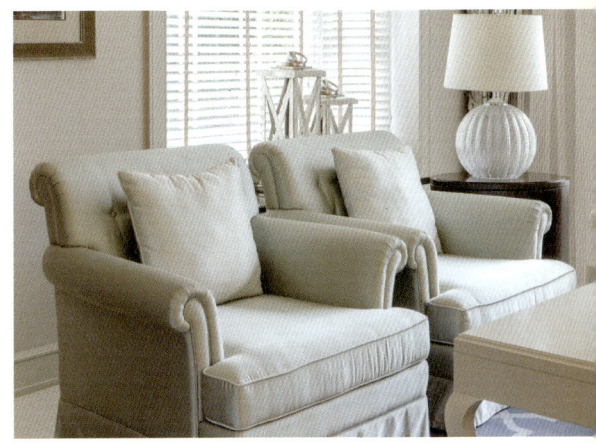

우아한 곡선이 돋보이는 가구와 묵직한 느낌이 나는 목재와 패브릭을 주로 사용합니다. 화려한 느낌으로, 공간이 넓을 때 잘 어울립니다.

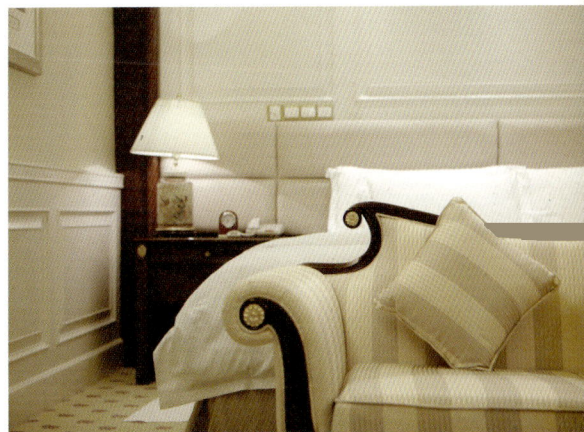

도구의 발견

셀프 인테리어를 어렵게 느끼게 하는 데는 도구도 한몫합니다. TV를 보면 셀프 인테리어에도 어마어마해 보이는 도구와 재료들이 줄줄이 등장합니다. 구입하는 데 돈도 많이 들고 몇 번 쓰지 않을 것 같아 망설이게 됩니다. 하지만 기성 가구나 소품을 구입해 배치하는 정도의 홈 스타일링이 아닌 셀프 인테리어를 염두에 두고 계신다면 몇몇 도구와 재료는 반드시 필요합니다.

일은 사람이 하는 것이 아니라 도구가 한다는 말이 있듯 공구가 많을수록 작업하기 수월한 것은 사실입니다. 그렇다고 도구를 갖추는 데만 집중한다면 월 5만 원으로는 인테리어 시작조차 못하겠죠. 저는 제한된 재화 덕에 도구를 구입할 때 매우 심사숙고하곤 합니다. 어떤 것은 몇 개월 돈을 모아 사게 되니 꼭 필요한지 꼼꼼히 따져볼 수밖에 없고, 허투루 쓸 만한 건 시간이 지나면 자연히 걸러졌습니다. 그러다 보니 갖고 있는 도구 중에 사용하지 않는 도구가 하나도 없습니다. 제가 가지고 있는 것은 거의 기본적인 것들이라 크게 망설이지 않고 구입하셔도 된다고 말씀드립니다.

물론 더 편리하게 해주는 도구들은 많습니다만, 테이블 톱, 직소, 전기 타카, 샌딩기처럼 소음이 큰 장비들은 퇴근 후 밤 시간에만 인테리어를 하신다면 쓸 일이 별로 없을 수 있습니다. 아파트 같은 공공 주택에서는 밤에 잠깐 치는 망치 소리가 아랫집에선 천둥번개보다 크게 들릴 수 있거든요. 저는 되도록 수동 공구를 사용하고 있고, 큰 소리가 나는 작업은 밖에서 혹은 주말 오후에 하고 있습니다.

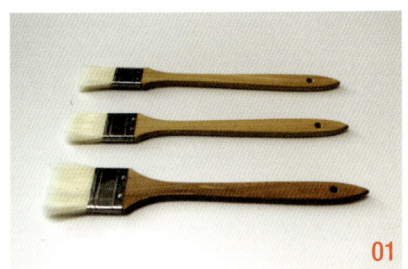

01

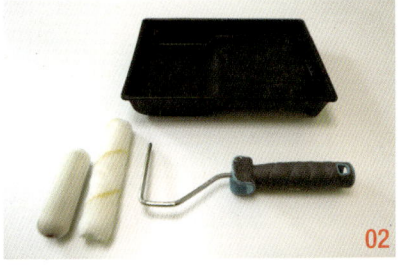

02

03

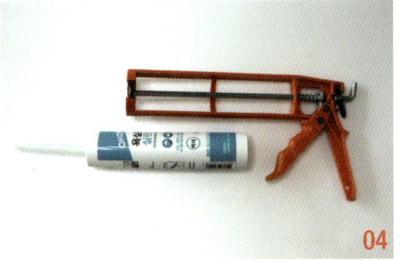

04

기본 도구

01 붓 스테인이나 바니시를 바를 때 또는 좁은 면적의 페인트를 칠할 때 사용합니다. 사용 후 비누나 세제로 충분히 헹구면 재사용이 가능합니다.

02 롤러 넓은 면적을 페인트칠 할 때 사용합니다. 털로 된 제품은 시멘트벽 같은 거친 면에, 스펀지로 된 제품은 가구나 벽지처럼 매끄러운 면에 사용합니다. 털로 된 제품은 세척이 쉽지 않으니 몇 번 사용 후 버리는 소모품으로 생각하시기 바랍니다. **트레이** 페인트를 덜어 사용하는 틀입니다. 좋은 걸 구입할 필요는 전혀 없지만 롤러보다 폭이 커야 페인트를 묻히기 좋습니다. 랩이나 비닐을 씌워 사용하고 벗겨서 버리면 관리하기 편합니다.

03 펜치 전선을 자르거나 철사를 구부릴 때, 망치질 시 못을 잡을 때 등 여러 용도로 사용합니다. 저는 전등 같은 등화기구 교체 시 주로 사용합니다. **십자드라이버** 목재 조립 시 나사못으로 접합할 때 주로 사용합니다.

04 실리콘 건 욕실과 주방, 섀시 등에 실리콘 시공 시 사용합니다. 욕조, 세면대, 싱크대 등의 낡은 실리콘만 제거하고 다시 시공해도 훨씬 깨끗해지니 하나쯤 갖고 계실만 합니다.

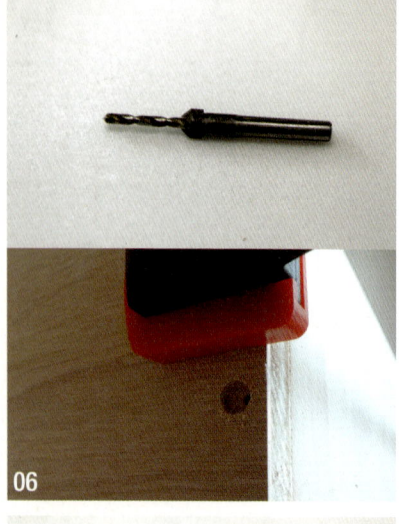

05 전기 드릴 각종 비트를 끼워 구멍을 뚫거나 드라이버를 꽂아 나사못을 조일 때 사용합니다. 예전에는 유선 드릴이 힘이 세다는 이유로 많이들 사용했지만 근래에는 충전식 드릴도 와트수가 높아져 합판이나 석고보드 벽에 못을 박거나 가구를 조립하는 데는 큰 무리가 없습니다. 단, 콘크리트 벽 천공 시에는 해머 기능이 있는 해머 드릴을 사용하셔야 합니다. 저는 해머 기능이 있는 500와트짜리 드릴 하나만을 사용하고 있습니다.

06 이중 드릴 비트 나무를 접합할 때, 나사몸통과 나사머리가 들어갈 길을 동시에 내기 위해 사용합니다. 나사머리가 들어갈 길을 미리 확보해 목재의 갈라짐을 막는 역할을 합니다. 나무를 주로 사용하다 보니 가장 많이 사용하는 드릴 날입니다. 처음 사용하면 가끔 부러뜨리는 경우가 있는데 구멍을 뚫은 뒤 드릴 회전을 멈추고 비스듬히 빼면 부러질 확률이 높습니다. 천공한 뒤 회전을 멈추지 않은 상태에서 수직으로 빼는 것이 올바른 사용 방법입니다.

07 포스너 비트 목재에 평평한 원형 홈을 팔 때 사용합니다. 저는 주로 8자 철물을 설치할 때 사용합니다.

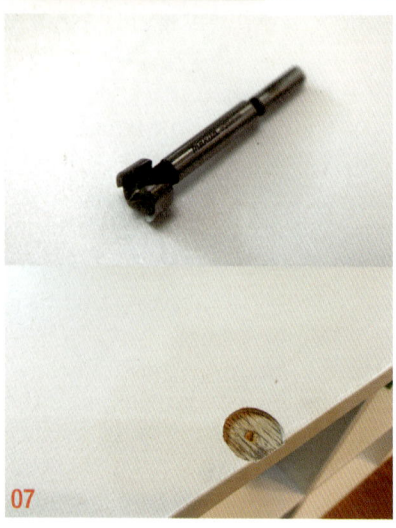

08 보링 비트 목재에 원형 홈을 팔 때 사용합니다. 비트의 중심을 잡아주는 센터 핀(비트의 뾰족한 끝부분)이 길어, 사용하고 나면 가운데 센터마크(구멍)가 깊게 생기는 것이 특징입니다.

09 홀쏘 재료를 완전히 천공할 때 사용합니다. 금속 가공 시 금속용 홀쏘를, 목재 가공 시 목재용 홀쏘를 사용합니다.

08

09

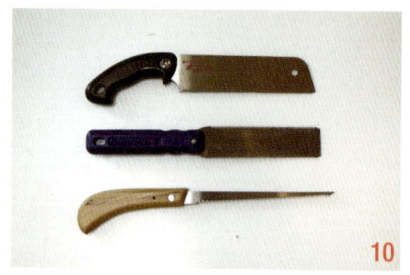

10

12

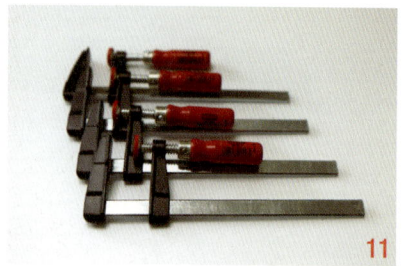

11

13

10 톱 저는 목재용 톱 세 개만을 사용합니다. 목재를 반듯하게 자를 때는 가장 위의 일반 톱을 사용합니다. 중앙의 플러그톱은 목심을 자를 때 사용하고, 가장 아래 쥐꼬리톱은 나무를 곡선으로 자를 때 사용합니다. 일반 톱으로 목심을 자를 수도 있지만 매끄럽게 자르기 힘들어 전용 톱을 이용하면 좋습니다.

11 클램프 목공본드로 나무를 접합할 때 굳을 때까지 눌러주는 기구입니다. 목재로 가구나 소품을 만들 때 이용합니다. 있으니 상당히 편하긴 하지만 구비하기 전에는 집에 있는 책들을 쌓아 나무를 눌러놓곤 했습니다.

12 사포 페인트 작업 전에 표면을 고르게 하거나 목재의 거친 면을 다듬을 때 사용합니다. 종이로 된 사포와 천으로 된 사포가 있습니다. 숫자가 높을수록 입자가 곱고 표면이 부드럽습니다. 따라서 거친 표면을 매끈하게 하고 싶을 때 숫자가 낮은 것부터 시작해 점차 높은 숫자의 사포를 사용하는 것이 좋습니다.

13 고무망치 헤드가 고무로 되어 있어, 망치질할 때 소음을 최소화할 수 있습니다. 가격도 저렴합니다. 지금껏 집을 꾸미면서 일반 망치를 사용한 적이 없을 정도로 자주 사용하고 있습니다.

상비 재료

01 **절연 테이프** 전선과 전선을 연결할 때, 피복이 벗겨진 부분을 감싸 합선이나 감전 위험을 없애줍니다. 전선 작업 시 반드시 필요합니다.

02 **케이블 타이** 전선 등을 단단히 묶어두는 용도의 일회용 고정 장치입니다. 저는 전선이 엉키는 것을 방지하거나, 여름철 접착력이 낮아져 풀릴 우려가 있는 절연 테이프 위를 한 번 더 감쌀 때 사용합니다.

03 **마스킹 테이프, 커버링 테이프** 페인트칠할 때 작업할 부분 밖으로 페인트가 묻지 않도록 보호할 때 사용합니다. 용도는 같으나 커버링 테이프는 테이프 끝에 비닐이 달려 있어 넓은 면적을 덮는 데 효과적입니다.

04 **콘크리트못&칼블럭** 해머드릴로 콘크리트 벽을 천공한 뒤에는 일반 나사못을 박아서는 물건을 고정할 수 없습니다. 드릴 비트 두께에 맞는 칼블럭을 구멍에 넣고 고무망치로 두드려 벽에 끼운 뒤, 튀어나온 칼블럭은 커터칼로 정리합니다. 그 다음 나사못 또는 콘크리트못을 박아 결속력을 높입니다.

01

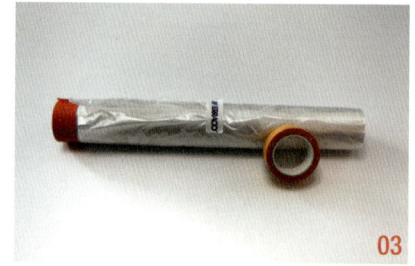

03

02

04

05 목공용 나사 목공용 나사는 일반 나사에 비해 나사산이 넓습니다. 재질이 무른 목재의 경우 나사산이 좁으면 나사가 풀릴 우려가 있기 때문입니다. 일반적인 나사 사이즈는 나사머리 기준 6~8mm이고, 접합 위치에 따라 다양한 길이의 나사를 사용합니다. 욕실이나 주방처럼 습기가 많은 곳에는 부식이 덜한 아연 피스를 사용하기도 합니다.

06 목심 목재 가구를 목공용 나사로 조립한 뒤 보기 좋게 마감하기 위해 홈을 막는 용도로 사용합니다. 경우에 따라 나사를 사용하지 않고 목심만으로 조립하기도 합니다.

07 스테인 페인트와는 달리 원목의 질감을 살리거나 오래된 느낌을 만들고 싶을 때 사용하는 나무 착색제입니다. 약간의 오염 방지 역할도 합니다.

08 바니시 목재의 휨과 오염을 방지하는 코팅제로, 광택에 따라 무광, 저광, 고광으로 나뉩니다. 욕실과 같은 습한 환경에서 사용하는 가구에는 내수성이 강한 요트 바니시를 사용합니다.

05

07

06

08

알아두면 든든한 기초 지식

이중 드릴 비트로 목재 접합하는 법

목재를 나사로 접합할 때는 이중 드릴 비트로 길을 내주어 목재가 갈라지지 않도록 합니다. 나사머리가 들어간 구멍을 목심으로 막으면 나사 자리가 보이지 않고 말끔하기에 목공 작업 시 주로 사용하는 접합 방법입니다.

목공용 나사는 접합 부분이 풀리지 않도록 나사머리가 넓습니다. 나사머리가 들어가며 나무가 쪼개지지 않도록 이중 드릴 비트를 사용해 길을 냅니다.

접합할 목재의 위치를 잡습니다. 클램프를 이용하면 단단히 고정할 수 있습니다.

이중 드릴 비트로 나사 길을 내줍니다. 회전을 멈추지 않은 상태에서 직각으로 빼는 것이 드릴 날을 부러뜨리지 않는 노하우입니다.

나사몸통이 들어갈 얇은 구멍과 나사 머리가 들어갈 큰 구멍이 생겼습니다.

05

고정력을 높이기 위해 접합면에 목공 본드를 발라줍니다.

06

나사로 목재를 접합합니다.

07

본드가 마를 때까지 클램프로 고정합니다.

08

나사머리가 들어간 구멍에 목공본드를 채우고 목심을 끼운 뒤 고무망치로 톡톡 두드립니다.

09

튀어나온 부분은 목심용 톱을 이용해 잘라냅니다.

10

사포로 표면을 매끈하게 다듬으면 완성입니다.

목심으로만 목재 접합하는 법 - 도웰링

나사를 사용하지 않고 목심으로 연결하는 방법으로, 도웰링 접합이라고 합니다. 나사 자국이 없으니 보기 깔끔하고 접합면이 넓어 튼튼하기도 합니다.

접합 부분에 목심 두께와 동일한 드릴 비트를 이용, 목심이 들어갈 길을 뚫습니다.

구멍에 목심 표시기를 꽂습니다.

접합할 목재를 붙일 부분에 잘 맞춰 꾹 눌러 찍습니다.

반대쪽 목재에도 구멍을 뚫을 부분이 표시됩니다.

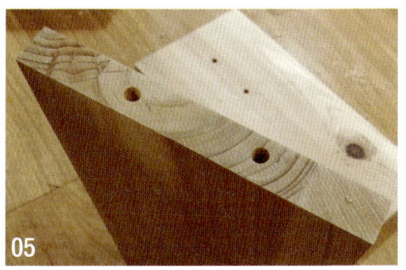

05 표시가 된 부분을 중심으로 드릴로 구멍을 뚫습니다.

06 구멍에 목공본드를 채우고

07 목심을 꽂습니다.

08 접합면에 목공본드를 전체적으로 바른 다음

09 목심 구멍에 맞춰 붙이면 나사를 쓰지 않고도 접합할 수 있습니다.

10 본드가 굳을 동안 클램프나 무거운 물건을 이용해 눌러줍니다.

원목을 마감하는 4가지 방법

나무로 가구나 소품을 만든 후 스테인, 오일, 바니시 또는 왁스를 발라 마무리합니다. 용도 및 의도에 따라 마감 방법을 달리 하곤 합니다. 가장 처음에는 원목에 색을 입히는 작업인 스테인 또는 나무 본연의 색을 살리는 오일을 바릅니다. 그리고 바니시 또는 왁스를 발라 마감합니다. 여러 차례 칠할수록 본연의 효과가 확실히 나타나긴 하지만 저는 스테인은 1회, 그 외의 것은 2~3회를 칠하는 것으로 시간과 타협합니다.

원목 ➜ 스테인 1회 ➜ 바니시

바니시는 나무 표면에 완전한 막을 씌우는 거라 오염에는 강하지만 나무 자체의 느낌을 살리기는 힘들다는 단점이 있습니다.

원목 ➜ 스테인 1회 ➜ 우레탄 바니시

식탁처럼 자주 사용하는 데다 오염이 되기 쉬운 가구는 좀 더 코팅력이 강한 우레탄 바니시로 마감합니다.

원목 ➡ 스테인 1회 ➡ 왁스

왁스는 나무 표면을 자연스럽게 코팅해 은은한 광택을
주긴 하지만 오염에는 약하고 광택이 사라질 때마다
다시 칠해주어야 하는 단점이 있습니다.

원목 ➡ 오일 2회 ➡ 왁스

원목 느낌을 그대로 살리면서도 오염 방지 기능을 높
이고자 할 때 오일과 왁스를 사용하기도 합니다.

전선 연결하는 법

전선을 연결하는 것을 겁내시는 분들이 많은데, 주의사항만 제대로 알아두면 정말 다양한 시도를 할 수 있습니다. 방법도 쉽습니다. 참고로 가정집의 경우 교류전류라 두 선을 한꺼번에 손으로 잡거나 두 선이 접촉되게 하지만 않는다면 두꺼비집을 내릴 필요는 없지만, 안전을 위해서 두꺼비집을 내리는 것을 강력 추천합니다.

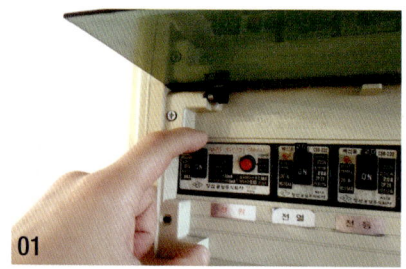

전기 작업 전 안전을 위해 두꺼비집을 내려줍니다.

전선이 잘리지 않도록 피복을 벗겨 구리선을 1cm가량 노출시킵니다. 단선의 경우 동그랗게 말아 고리를 만듭니다.

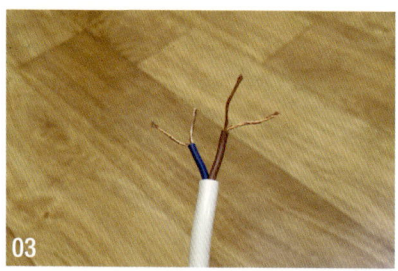

얇은 가닥들로 되어 있는 연선은 두 가닥으로 나누어 줍니다.

단선으로 만든 고리에 연선을 꼭꼭 감습니다. 가정집 전류는 교류전류라 극을 맞출 필요 없이 하나씩 연결해주기만 하면 됩니다.

05 연결이 더욱 단단히 되도록 고리를 펜치로 꽉 눌러줍니다.

06 남는 선은 니퍼로 잘라 정리합니다.

07 양 선이 닿으면 합선이 일어나니, 절연 테이프로 각각의 선을 꼼꼼하게 감습니다.

08 여름철 기온이 높을 때 테이프 접착력이 낮아져 풀릴 우려가 있으니, 케이블 타이로 테이프 위를 한 번 더 묶어주면 걱정 없겠죠.

페인트칠하는 법

요즘 페인트들은 색이 진하지 않은 벽지 같은 경우 밑작업 없이 바로 칠해도 괜찮습니다. 하지만 플라스틱이나 금속처럼 매끈한 면이나, 바탕색이나 문양이 진한 면에 바르는 경우 젯소를 한 번 발라주는 게 좋습니다.

01

젯소 칠하기 페인트가 묻으면 안 되는 부분은 커버링 테이프 등으로 감싸고 바닥에도 페인트가 묻지 않도록 신문지 등을 깔아준 뒤 1차로 젯소를 칠합니다.

02

면 다듬기 홈이나 구멍은 퍼티로 메꾸고 젯소가 마른 뒤 사포로 울퉁불퉁한 면을 매끈하게 다듬습니다.

03

페인트 젓기 페인트가 고루 섞이도록 나무젓가락 등을 이용해 젓습니다.

04

틈새 칠하기 롤러가 닿지 않는 좁고 튀어나온 부분부터 붓으로 칠합니다.

05

넓은 면적 칠하기 넓은 부분을 롤러를 이용해 칠합니다.

06

2차 칠하기 페인트가 마른 뒤 최소한 한 번은 더 칠해야 얼룩 없이 제 색깔이 발색됩니다.

집을 극적으로 변화시키는 3가지 규칙

'저는 흙손인가 봐요.' '저희 집은 아이가 있어서요.' '좁은데 짐이 많아서 정리가 안 돼요.' 등 제게 어려움을 토로하시는 분들이 있습니다. 의욕에 넘쳐서 시작했는데 별로 변한 것 같지 않아 허탈해하거나, 인테리어를 해도 깔끔한 느낌이 들지 않아서 실망하시는 분들이 많습니다. 인테리어를 쉽고 빠르게 하는, 실패 위험을 없애주는 세 가지 규칙이 있습니다. 무엇을 시도하시든 이 셋을 기억하시면 시행착오를 겪을 일은 거의 없습니다.

규칙 1. 넓은 면적부터 시작하자

가장 처음 했던 인테리어 작업은 빛바랜 거실 벽을 새하얗게 칠한 일이었습니다. 하얀 벽은 웬만한 가구들과 다 잘 어울리고 공간 또한 넓어 보여 안전하게 선택한 것입니다. 또한 다음 날 6시면 일어나 부지런히 출근해야 하는 회사원이라 도배 대신에 초보자도 빠른 시간 내에 시공할 수 있는 페인트칠을 택했습니다. 망설이다가 하룻밤을 투자했을 뿐인데 집 분위기가 확 밝아졌습니다. 변화가 크고 확실하니 그 다음에 무엇을 할지 찾게 되더군요. 되도록 큰 부분부터 변화시키기 바랍니다. 저렴하고 빠르기로는 페인트를 따라올 것이 없겠죠.

before 조금씩 손봐도 티가 나지 않던 거실.

after 10년 가까이 된 상아색 벽을 하얗게 칠해주는 것만으로도 새 집으로 이사온 듯한 착각에 빠지기에 충분했습니다. 변화가 크니 셀프 인테리어에 가속도도 붙었습니다.

before 집 한복판을 차지하고
있던 꽃무늬 냉장고.

after 아직 작동은 멀쩡하기에 메탈 시트지를 붙여주었습니다. 꽃무늬를
감춘 것만으로도 만족스러웠습니다.

before 혼수 가구가 꽉 채워져
답답해 보이던 안방.

after 벽을 또렷하게 칠하자 평범해 보이던 침대가 꽤 묵직하게 존재감을 드러내게 되었습니다.

규칙 2. 더하기보다 보기 싫은 것을 지우자

집 꾸미기를 무언가를 더하기보다 방해가 되는 요소들을 지워나가는 것으로 생각하시기 바랍니다. 이를테면 집에 어울리는 가구를 새로 구입해 배치하기보다 이전 집주인의 소녀 감성을 명확히 보여주는 꽃무늬 벽지를 없애는 게 우선입니다. 세련된 인테리어 소품을 배치하는 것보다, 코끼리 상아를 깎아 만든 건가 의심케 하는 빛바랜 스위치 커버부터 바꿔주는 게 훨씬 효과가 클 수 있습니다.

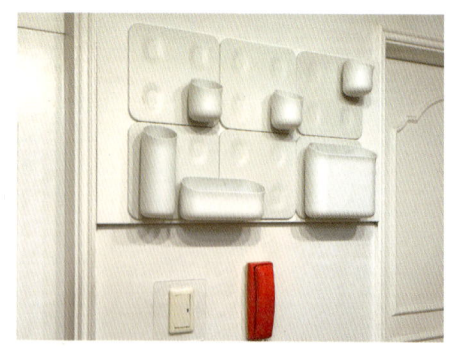

before 벽을 칠하고 나니 더 돋보이는 오래된 스위치.

after 재미있는 요소로 채운 벽 분위기에 맞게 토글스위치로 교체했습니다.

before 평상시 별로 쓸 일도 없고 심미적이지도 않은 두꺼비집.

after 위로 선반을 달아 아내를 그린 그림과 가족사진 등으로 살짝 가렸습니다.

사실 인테리어의 핵심은 제자리 잡아주기입니다. 아무리 벽을 정리하고 가구를 재정비해도 물건들이 늘 어딘가를 헤매고 있다면 정돈된 느낌을 주기 힘듭니다. 리모컨 하나, 칫솔 하나도 제자리가 있는 것과 없는 것이 큰 차이가 있거든요. 쾌적하고 살기 좋은 환경을 만들고자 하는 것이 인테리어라고 본다면, 독특한 공간을 만드는 것도 중요하지만 정리도 중요합니다.

책장의 칸도 물건 크기에 맞게 다시 나누어주어 되도록 위로 켜켜이 쌓지 않도록 했습니다.

시판 수건걸이에 커튼 집게를 끼우고 욕실
거울 밑에 거꾸로 부착하여 치약과 세안 도
구를 매달아 사용 중입니다. 어질러지기 쉬
운 것들을 위로 달아주어 정돈된 느낌이 듭
니다. 재미도 있고요.

나무 토막을 이용해 월E에게도 자리를 만들
어주었습니다. 나무 토막은 가로수를 정비
하는 아저씨에게 버려진 나무 중 '요만큼만
잘라주세요.' 하여 얻은 것입니다.

딸아이에게 돈과 규칙에 대해 가르쳐주기
위해 구입한 부루마블도 선반에 자기 자리
를 가지고 있습니다. 아이 장난감이 든 공간
박스들도 보이네요.

2

조금씩
천천히
고치기

거실은 제가 출근해 있을 때 아내와 아이가 함께 책을 읽고 그림을 그리고 노래를 부르는 공간이기도 하고, 제가 퇴근했을 때 세 식구가 모여 이야기를 나누는 공간이기도 하며, 모두 잠든 밤에 저 혼자 집을 꾸밀 궁리를 하며 도면을 그리거나 맥주 한잔 하며 피로를 푸는 공간이기도 합니다. 즉, 모든 것이 빠짐없이 갖춰져 있어야 함과 동시에, 좁지만 답답해 보이지 않으며, 포근하고 편안한 느낌을 주는 곳이었으면 좋겠다는 욕심 많은 꿈을 갖고 손본 공간이지요. 가족의 공적인 공간이라 물품이 많아 수납과 정리에 집중했습니다. 깨끗해 보이도록 메인 컬러도 나무와 흰색, 검정색을 크게 벗어나지 않도록 신경 썼습니다.

Living Room

책장으로
가벽 만들기

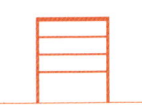

오래된 아파트라 주방과 거실의 경계가 모호하지만, 주방에서 나와 거실로 들어서면 온전한 휴식을 취할 수 있도록 공간을 분리하면 좋겠다 싶었습니다. 그래서 주방과 거실 경계에 가벽을 세우기로 했습니다. 좁은 집에 거대한 벽을 세워 공간을 막을 수는 없지만 분할된 느낌을 주면 거실과 주방을 다르게 스타일링할 수 있겠다는 판단도 들었습니다. 가벽을 만들려 하다가 냉장고 옆에 붙여 세울 텐데 복잡한 시공이 필요 없을 것 같다는 생각이 들어서 기성 제품 중 냉장고 높이와 비슷한 제품을 구입하여 냉장고 옆에 배치하였습니다. 커다란 냉장고 옆면이 보이는 것보다 보기에 좋고, 책이나 소품을 올려놓을 수 있는 선반도 생겼으니 공간 활용 면에서도 만족스럽습니다.

사용 재료	책장, 미송합판, 목공본드, 스테인, 붓, 바니시
재료비	이케아 책장 LAIVA : 20,000원 미송합판 4.8T : 10,000원
	Total : 30,000원
소요 시간	책장 조립 시간 제외 20분
난이도	★ ☆ ☆ ☆ ☆

이케아에서 2만 원에 판매하고 있는 책장을 구입했습니다. 가격이 가격인 만큼 책을 빽빽하게 꽂는다면 약하게 느껴질 수 있습니다. 조립할 때목공본드를 사용해 내구성을 보완했습니다. 조립을 마친 뒤에는 미송패널을 옆면에 붙였습니다. 옆이 뚫린 구조라 작은 물건이 떨어질 수 있기 때문이기도 했고, 가벽 개념으로 세운 것이라, 공간을 분할하는 느낌을 주고 싶었기 때문입니다.

완성. 책장이 간단한 피스나 플라스틱 부속으로 결합하게 되어 있어 조립은 쉽지만 안정감은 크지 않습니다. 저는 위치를 잡은 뒤 양면테이프를 사용해 냉장고에 고정했습니다.

책장을 기준으로 비슷한 색의 목재로 만든 책상, 거실장을 나란히 놓아 통일감을 주었습니다. 컴퓨터, TV 등 전자기기들이 모여 있지만 따뜻한 느낌을 주고 싶었거든요.

좁은 집에는 가구 한두 개만 놓아도 공간이 포화 상태가 됩니다. 이럴 때는 벽도 좋은 대안이 될 수 있습니다. 찬넬선반은 벽에 기둥을 고정하고 원하는 높이에 브래킷을 끼워 높낮이를 조절할 수 있는 가변형 선반으로, 맞춤 수납공간을 만들 수 있다는 장점이 있습니다. 단점이라면 일반 책장과는 달리 기둥을 튼튼하게 고정하려면 벽면에 구멍을 뚫어야 하기에 제약이 있을 수 있습니다. 벽면이 석고보드라면 무거운 물건을 올려놓으면 무너질 염려가 있고, 전셋집이라면 원상복구도 고려해야 하니까요.

거실에 찬넬 선반을 2개 설치했습니다. 책과 오디오, 취향이 담긴 소품을 올려놓는 용도로 사용 중입니다. 단순 수납에만 그치지 않고 취향과 여가가 담긴 공간으로 활용하고 있지요. 선반 목재는 소프트우드인 칠레파인을 사용했습니다. 애쉬나 오크, 월넛 같은 하드우드에 비해 강도가 떨어져 콕 찍혔을 때 자국이 나긴 합니다만 집에서는 단단한 하드우드를 가공하기에 쉽지가 않아 선택했습니다.

사용 재료	칠레파인, 찬넬선반, 드릴, 드라이버, 페인트, 붓, 바니시	
재료비	칠레파인 solid 18T : 52,000원 찬넬선반 : 50,000원	
	Total : 102,000원	
소요 시간	3시간	
난이도	★ ★ ★ ☆ ☆	

※ T란 Thickness의 약자로 mm 단위입니다. 18T면 나무 두께가 18mm라는 뜻입니다.

01
찬넬 선반의 가장 큰 작업은 벽에 구멍을 뚫는 것입니다. 콘크리트 벽이라 해머드릴을 이용했습니다.

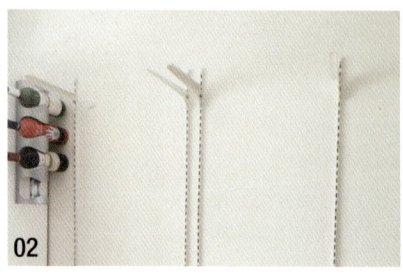

02
구멍에 칼블럭을 꽂고 콘크리트용 나사못을 사용해 기둥을 설치합니다.

03
선반용으로 주문한 칠레파인 목재에 스테인을 칠해 색을 입힙니다.

04
거실 벽면과 주변 가구를 생각하면 하얗게 칠하는 게 맞을 것 같지만 원목을 페인트로 덮어버리기 아까워서 테두리만 하얀색으로 칠했습니다.

05
브래킷을 기둥에 꽂고 선반을 얹었습니다.

의도했던 대로 다른 각도에서는 선반의 나뭇결이 잘 보이네요.

거실등 교체

요즘에는 천장에 납작한 등을 설치하거나 아예 제거하는 집들도 눈에 띕니다. 천장 조명을 없애면 층고가 높아 보이고 개방감을 줄 수 있습니다. 그러나 저는 다른 공간들에 비해 비교적 트여 있고 온 가족이 모여 많은 활동이 이뤄지는 곳이기에 전체 조명의 역할도 크다고 여겼습니다. 고민 끝에 거실등을 하나의 인테리어 오브제로 삼아 밋밋한 천장에 힘을 주는 방법을 택했습니다. 마치 조형 작품 같은 곡선의 거실등은 단 하나만으로도 공간의 분위기를 만들 수 있습니다.

사용 재료	등, 니퍼, 드라이버, 절연테이프, 케이블 타이
재료비	등 : 178,000원
소요 시간	40분
난이도	★ ☆ ☆ ☆ ☆

Step 1_ 기존 등 탈거

01

기존 등을 천장에 고정하는 브래킷의 나사를 풉니다.

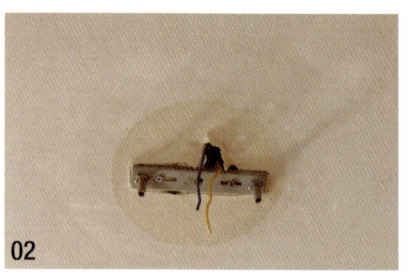

02

전원선을 싹둑 잘라 등을 완전히 탈거했습니다.

03

기존 등의 브래킷 커버(후렌치라고도 불립니다)를 활용할 계획입니다.

04

몇 번의 톱질과 스패너를 이용하여

05

브래킷 커버만 분해한 후 다시 페인트칠을 했습니다.

Step 2_ 새로운 등 교체

아내와 긴 상의 끝에 구입한 조명입니다. 원래는 긴 체인 끝에 매다는 조명으로, 층고가 높은 공간, 복층 주택이나 매장에 다는 것이라 개조가 필요합니다.

새 조명의 체인과 브래킷을 제거하고, 옛 조명의 브래킷 커버를 끼운 다음

브래킷과 등을 빈틈없이 붙이고

너트로 고정시킵니다.

나중에 어떻게 쓰게 될지 모르므로 남은 전선은 바짝 자르지 않고 케이블 타이로 정리해둔 다음

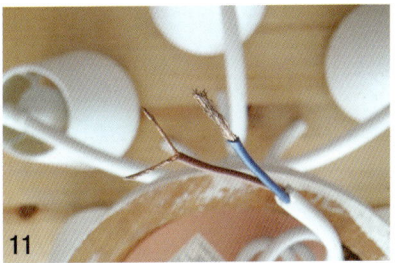

전선을 반씩 나눠 천장 등과 연결할 준비를 합니다.

천장선은 굵은 선 하나로 된 단선입니다. 니퍼를 이용해 1cm 정도 피복을 벗깁니다.

단선은 동그란 고리 모양을 만들고

조명선을 반으로 나누어 단선에 감아주면 커넥터나 단자 없이도 견고하게 연결할 수 있습니다. 참고로 가정집은 교류 전원이므로 양극, 음극에 관계없이 한 선씩 연결하면 됩니다.

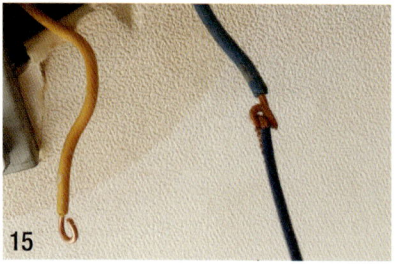

마지막으로 펜치로 천장선(단선)을 꾹 눌러 풀림을 한 번 더 방지합니다.

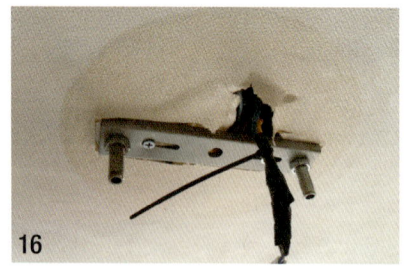

합선을 방지하기 위해 절연 테이프로 한 선씩 구분해 꽁꽁 감싸고, 케이블 타이를 이용, 테이프가 풀리는 것을 방지하였습니다.

브래킷을 천장에 붙이고 기존 구멍에 맞춰 너트를 조이면 완성.

곳곳에 간접조명이 있어 손님이 오시거나 할 경우를 제외하곤 켤 일이 많지는 않지만, 거실 중앙에 마음에 드는 오브제가 있다는 것만으로도 기분이 좋습니다. 특히 딸아이가 공주님이 사는 성 같다며 마음에 들어 하니 그것만으로도 존재 가치가 충분하지요.

원목
거실장
만들기

원래 거실장이 없던 건 아닙니다. 결혼할 때 꽤 비싼 가격에 들여놓은 장이 있긴 했지만 가격만큼 크기도 컸던지라 아이가 생기고 물건이 늘면서 상대적으로 부피를 많이 차지하는 가구가 되었습니다. 멀쩡한 거실장을 처분하려니 미련이야 있었지만 비우고 새롭게 채워가자고 의견을 모으고 버리는 방향을 택했습니다. 정말 버린 건 아니고 중고장터로 가게 되어 재료비에 보탬이 되었습니다. 멀쩡한 헌 가구가 새 가구가 된 셈이니 마음의 위안이 되었달까요.

사용 재료	칠레파인, 미송합판, 가구 다리, 목공본드, 목심, 드릴, 홀쏘, 서랍 레일, 스테인, 붓, 바니시
재료비	칠레파인 solid 18T : 110,000원 미송합판 4.5T : 8,000원 원목 가구 다리(반제품) : 24,000원 헤펠레 3단 레일(2개 1set) : 3,500원×2개
	Total : 149,000원
소요 시간	7시간
난이도	★★★★★

〈전면〉

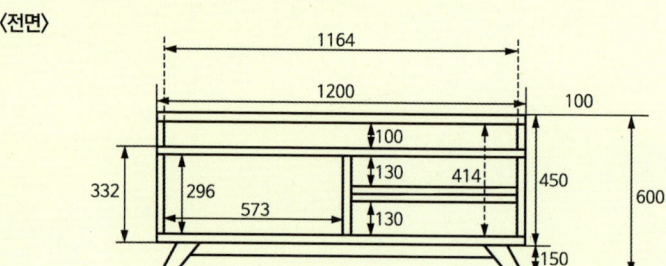

〈기본틀〉

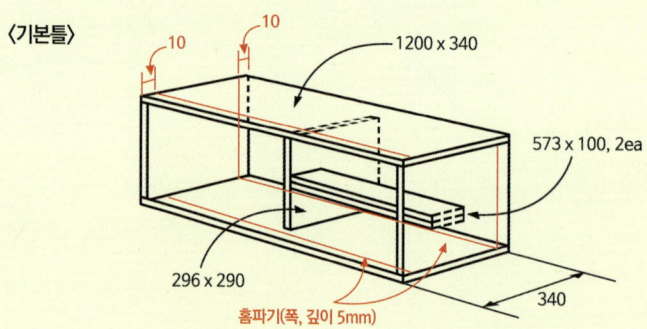

1200 x 340

573 x 100, 2ea

296 x 290

홈파기(폭, 깊이 5mm)

340

〈셋탑박스 칸, 문〉

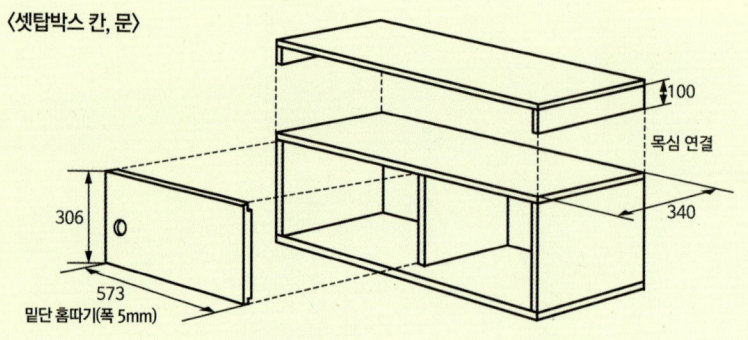

100

목심 연결

340

306

573

밑단 홈따기(폭 5mm)

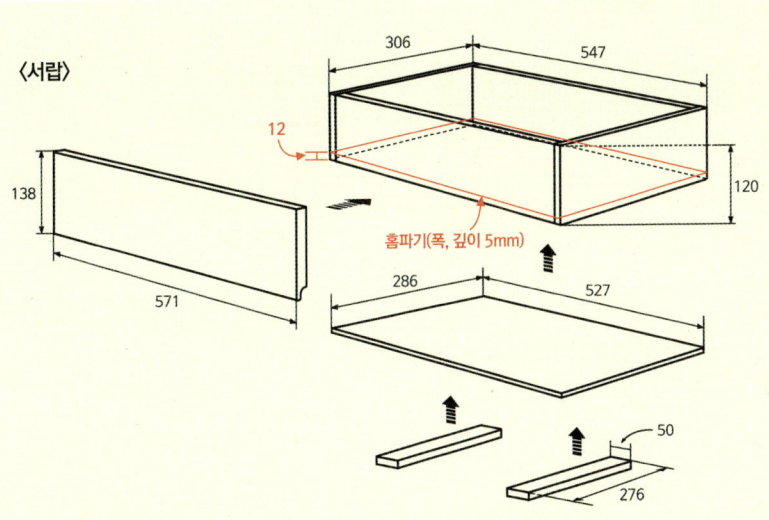

〈서랍〉

306   547

12   홈파기(폭, 깊이 5mm)

138   571

120

286   527

50   276

Easy Order
거실장 재단 요청서

기본틀

수종	사이즈 (mm)	수량	비고
칠레파인 18T	1200×340	2	기본틀 상판/밑판
	296×340	2	기본틀 옆판
	296×290	1	기본틀 중앙판
	573×100	2	서랍칸 분리
	306×573	1	기본틀 문
미송합판 4.5T	1174×306	1	기본틀 뒷판

셋탑박스 칸

수종	사이즈 (mm)	수량	비고
칠레파인 18T	1200×340	1	셋탑박스 칸 상판
	340×100	2	셋탑박스 칸 옆판

서랍

수종	사이즈 (mm)	수량	비고
삼나무 15T	120×306	4	서랍 옆판
	120×517	4	서랍 앞/뒤판
라취합판 4.8T	286×527	2	서랍 밑판
삼나무 12T	50×276	4	서랍 보강목
칠레파인 18T	138×571	2	서랍 손잡이

※ 다른 두께의 목재를
  사용하시거나 사이즈를
  조정하실 경우
  목재 사이즈는
  완전히 달라집니다.

Step 1_ 다리 만들기

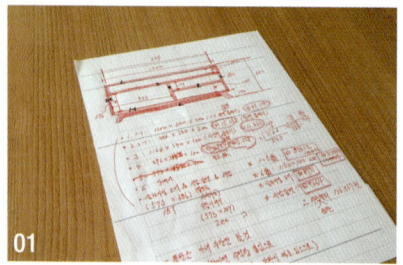

01

두 달간 모은 돈에 옛 거실장까지 더해진 돈으로 산 재료들이라 망치면 다시 몇 달을 기다려야 하므로 며칠에 걸쳐 도면을 꼼꼼하게 그렸습니다.

02

바닥 공간을 띄워 거실 공간이 조금이나마 넓어 보이는 시각적 효과를 주고 싶었지만 직접 만들기 애매해 고민하던 차에 반제품을 발견해 구입했습니다. 다리를 지지하는 틀과 브래킷 등도 함께 옵니다.

03

목재 끝에 홈이 파여 있어 쉽게 코너 브래킷을 설치할 수 있습니다.

04

중간 보강목은 나사 없이 목심으로만 조립할거라 드릴로 구멍을 뚫은 뒤

05

목심 표시기를 넣고 꾹 눌러 반대편 목재에도 뚫을 자리를 표시하고

06

마찬가지로 드릴로 뚫고 목공본드를 이용, 목심으로 접합합니다. 나사로 연결하는 것에 비해 목공본드가 닿는 면적이 넓으니 더욱 견고하게 붙일 수 있습니다.

다리들은 피스로 결합합니다.

가로로 길어서 그런지 불안해 보이는군요.

급히 자투리 나무를 찾아 보강목에 다리를 하나 추가
해줍니다.

이것 하나만으로도 하중을 고르게 분산시킬 수 있습
니다.

클램프를 대신하여 딸아이의 책으로 본드가 마를 때까
지 눌러줍니다.

Step 2_ 본체 만들기

12

본체가 될 목재를 주문할 때 도면도 함께 보냈더니 잘 짜여진 각본처럼 재단되어 왔네요. 인기 드라마를 만들려면 밑판부터 다리에 붙여야겠죠.

13

그대로 조립하면 모서리가 날이 서 있으니 모서리 대패를 이용해 모서리를 부드럽게 만듭니다

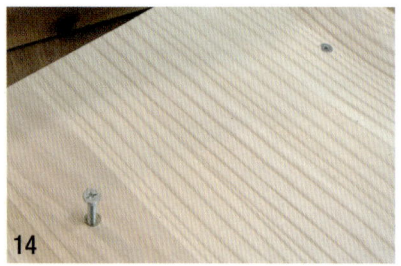

14

눈에 잘 보이지 않는 안쪽 면은 목심 없이 피스로만 고정합니다.

15

드릴로 구멍을 뚫고

16

직각자 대신 딸아이의 책을 사용해 수직을 맞춥니다.

17

옆판을 세워 나사못으로 고정합니다.

18

목재를 주문할 때 미리 홈을 파는 가공을 요청했습니다. 뒷판을 홈에 끼우면 덧붙이는 것보다 훨씬 깔끔합니다.

19

슬라이딩 도어가 움직일 홈에는 문이 잘 움직이도록 양초를 칠한 뒤

20

앞판도 끼웁니다.

21

앞판은 손잡이를 다는 대신 홀쏘로 구멍을 뚫어 문을 여닫을 수 있게 만들어줍니다.

22

윗판을 덮고 이중 드릴 비트로 나사길을 낸 뒤 피스로 고정합니다.

23

기본틀 완성입니다.

24 셋탑박스가 들어갈 공간을 만들기 위해 위쪽 나사못을 박은 구멍에 목심을 꽂고 고무망치로 톡톡 두드려 반만 넣습니다.

25 셋탑박스 칸은 본드를 바르지 않고 그대로 꽂기만 합니다. 후에 스탠드형 TV를 사용하게 된다면 이 판을 그대로 들어내고 쓸 계획입니다.

Step 3_ 서랍 만들기

26 본체와 마찬가지로 홈이 파진 삼나무 판재 세 개를 본드와 나사못으로 접합한 뒤

27 밑판을 끼워 넣습니다. 파인 홈보다 1~2mm정도 짧게 재단해야 쉽게 들어갈뿐더러 원목의 특성인 수축, 팽창에 간섭이 없습니다.

28 나머지 면을 막아줍니다.

29 사용하다 보면 밑판이 처지거나 옆판이 휠 수 있습니다. 방지를 위해 서랍 밑면에 보강목을 추가했습니다.

Step 4_ 서랍 조립하기

30

서랍이 최대한 개방될 수 있도록 3단 레일을 사용했습니다. 주의할 점은 3단 레일 두께만큼 서랍 폭을 작게 계산해야 레일을 부착할 수 있다는 점입니다.

31

서랍 내부가 보이지 않도록 위아래 서랍 사이에 18T 목재를 집성(목재끼리 붙임)한 36mm 두께의 나무를 붙입니다.

32

이 상태에서 서랍을 끼우면 이렇게 틈이 보이지 않게 잘 맞습니다.

33

가운데 36mm 목재를 중심으로 위 서랍은 밑부분이 튀어나오게, 아래 서랍은 윗부분이 튀어나오게 접합했습니다. 손잡이가 없어도 손가락을 걸어 열 수 있습니다.

34

서랍까지 완성되었습니다.

35

조립 도중에 스테인과 바니시를 칠해가며 작업했기에 별다른 마감 없이 끝났습니다.

맞춤 컴퓨터 책상

컴퓨터 책상의 필요성을 느끼던 차에 책장과 거실장 사이 공간이 눈에 띄었습니다. 좁은 거실이라 가구가 유기적으로 연결되어 있어야 통일감도 있고 공간 사용 면에서도 좋으니 기존 책장에 목재를 덧대 컴퓨터 책상을 만들기로 합니다. 단돈 2만 원짜리 이케아 책장이 점점 거대해지고 있네요. 책장 너비와 컴퓨터 본체 높이에 맞게 도면을 그리고 목재를 주문했습니다.

책상은 모니터를 올려둘 모니터 책상, 컴퓨터를 사용하지 않을 때는 안으로 집어넣었다가 사용할 때만 앞으로 빼서 자리를 확장할 키보드 책상, 두 파트로 구상하였습니다. 좁은 공간을 효율적으로 사용할 수 있고 깔끔하기도 합니다.

사용 재료	칠레파인, 목공본드, 목심, 드릴, 페인트, 스테인, 붓, 바니시
재료비	칠레파인 solid 18T : 61,000원 **라왕각목 30mm** : 5,100원 검은색 페인트 : 3,000원
	Total : 69,100원
소요 시간	4시간 30분
난이도	★ ★ ★ ☆ ☆

〈전체〉

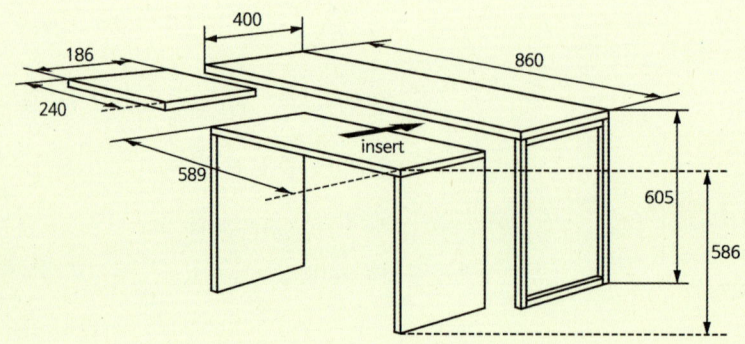

〈모니터 책상〉

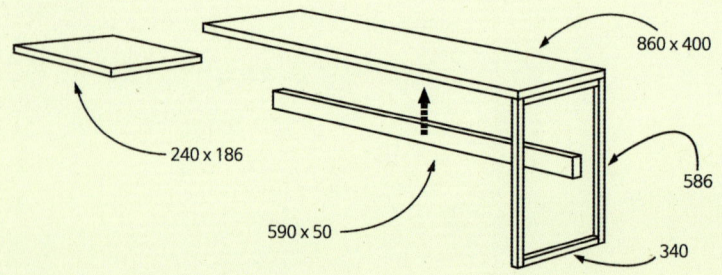

860 x 400

586

240 x 186

590 x 50

340

102

〈키보드 책상〉

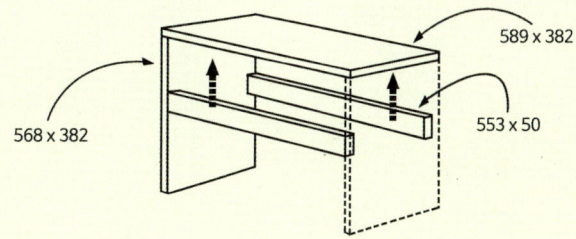

589 x 382

568 x 382

553 x 50

Easy Order
컴퓨터 책상 재단 요청서

모니터 책상

수종	사이즈 (mm)	수량	비고
칠레파인 18T	860×400	1	모니터 책상 상판
	590×50	1	모니터 책상 보강목
	240×186	1	모니터 책상-선반 연결
라왕각목 30mm	586	2	모니터 책상 다리(세로)
	340	2	모니터 책상 다리(가로)

키보드 책상

수종	사이즈 (mm)	수량	비고
칠레파인 18T	589×382	1	키보드 책상 상판
	568×382	2	키보드 책상 옆판
	553×50	2	키보드 책상 보강목

※ 다른 두께의 목재를 사용하시거나 일부 사이즈를 조정해 제작하실 경우
목재 사이즈가 완전히 달라지니 주의하세요.

Step 1_ 모니터 책상 만들기

책장의 아래에서 두 번째 선반을 제거하고 책상 상판을 올릴 계획이라 책장 선반을 떼어냈습니다.

책장 폭에 맞게 자른 나무를 원하는 책상 높이에 피스로 고정합니다.

버팀목 밑부분은 꺾쇠로 보강을 합니다.

수평이 맞도록 양쪽 끝에 동일하게 버팀목을 달고, 떼어냈던 선반을 다시 올립니다.

책상 다리가 될 목재에 목공본드를 발라 가접한 뒤 긴 나사못으로 한 번 더 고정합니다.

나사못이 들어간 자리에 목공본드를 채운 뒤 목심을 꽂습니다.

07

남는 부분을 잘라내 깔끔하게 마감합니다.

08

코너 부분은 꺾쇠를 직각 철물을 덧대 보강해줍니다.

09

페인트가 목재에 잘 접착될 수 있도록 1차로 젯소를 칠한 다음

10

책장과 통일감을 주기 위해 검은색 페인트를 칠해 다리를 완성합니다.

11

책상 상판을 만들 차례입니다. 상판이 휘지 않도록 보강목을 부착하고자 목심이 들어갈 구멍을 뚫습니다.

12

목심 표시기를 넣은 상태로 상판에 꾹 눌러 뚫을 위치를 표시한 다음 상판에도 구멍을 뚫습니다.

상판의 구멍에 목공본드를 채우고 목심을 꽂습니다.

보강목에 본드를 바르고

본드가 굳을 때까지 고정하면 상판 위쪽에 구멍을 뚫지 않고도 깔끔하게 보강목을 붙일 수 있습니다. 도웰링 접합의 또 하나의 장점이지요.

상판과 다리를 보강목을 덧댈 때와 같은 도웰링 방식으로 붙이고 책장에 얹었습니다.

Step 2_ 키보드 책상 만들기

키보드 책상 역시 눈에 잘 보이는 곳이니 도웰링 접합
으로 보강목을 대기로 합니다.

목심을 이용해 보강목을 접합하고

옆면도 동일한 방법으로 붙여나갑니다.

날씨 좋은 날, 밖으로 갖고 나가 열심히 사포질을 한
다음

스테인과 바니시를 칠해 마무리했습니다. 평소에는 이
렇게 모두 넣어둡니다.

사용할 때만 앞으로 꺼내 마우스와 키보드를 올려놓
습니다.

before

컴퓨터 책상을 만들기 전 거실의 모습과 지금 모습입니다. 책상을 만
들기 전에는 책장과 거실장 사이에 본체를 두고, 필요한 경우 키보드
와 마우스를 꺼내 바닥에 앉아 사용하곤 했습니다. 무선 키보드와 마
우스였지만 사용하기 번거로운 데다 본체만 덩그러니 있는 것도 거슬
려 시작한 작업이었지요. 우리 집에 맞춘 사이즈와 어울리는 재료로,
딱 필요한 가구를 내 손으로 직접 만들 수 있는 것, 셀프 인테리어의 매
력입니다.

after

책장
틈새 선반

높낮이를 조절할 수 없는 책장의 경우, 높이가 낮은 책을 꽂거나 작은 물건들을 올려놓을 때 윗부분이 휑하게 비는 경우가 있습니다. 인테리어를 할 때 정리와 수납, 이 두 가지만 잘해도 더할 나위 없는 셈인데 비효율적인 공간을 알뜰하게 사용하기 위해 남은 절반을 채워보기로 했습니다. 중간 선반을 만들어 넣는 것이지요. 책장에 접합하지 않고 얹어서 칸을 분할하는 것으로, 필요 없을 때는 뒤집어놓으면 높이가 높은 책도 꽂을 수 있습니다.

사용 재료	칠레파인, 드릴, 드라이버, 목심, 붓, 목공본드, 스테인, 페인트, 바니시
재료비	칠레파인 18T : 자투리 목재 사용
소요 시간	40분
난이도	★ ☆ ☆ ☆ ☆

01 자투리 목재를 책장 너비에 맞게 잘랐습니다.

02 상판과 다리를 클램프를 이용해 임시로 맞춰놓고

03 나사못 머리가 들어가도 나무가 쪼개지지 않도록 이중 드릴 비트를 사용하여

04 나사가 들어갈 자리에 구멍을 뚫습니다.

05 나사로 접합하기 전에 목공본드를 발라 접합력을 높인 후

06 나사로 고정하여 접합합니다.

07 반대쪽 다리도 같은 방법으로 붙입니다.

08 나사 구멍에는 목공본드를 채우고 목심을 끼워 고무망치로 톡톡 두드립니다.

09 튀어나온 부분은 톱으로 정리합니다.

10 표면에 사포질을 해 거친 면을 다듬은 뒤 스테인과 바니시를 칠합니다.

11 책장과의 통일감을 위해 안쪽 면은 흰색 페인트를 칠했습니다.

12 그리하여 하룻밤만에 수납 공간을 마련했습니다.

의자
리폼

인테리어에 관심을 갖고 나니 좋은 재료들이 버려져 있는 것을 발견하곤 합니다. 조금만 손보면 완전히 새롭게 사용할 수 있는 것들 말이지요. 특히 좋은 목재로 만들어진 낡은 가구들은 빛나는 재료입니다. 컴퓨터 책상에 맞는 의자가 필요하다고 생각하던 찰나, 산책길에서 좋은 재료를 발견했습니다. 한 집 걸러 하나씩은 있다는 국민 의자 에펠 체어의 다리에, 다른 곳에서 주워온 의자 상판을 올려 간편한 의자를 만들었습니다.

사용 재료	의자 다리, 의자 상판, 목심, 목공본드, 톱, 사포, 드릴, 스테인, 바니시, 붓
재료비	재활용품 사용
소요 시간	40분
난이도	★ ☆ ☆ ☆ ☆

Step 1_ 의자 다리 손질하기

01

산책길에 주워온 에펠체어의 다리입니다. 임스 부부의
다월 레그 체어의 카피 제품으로, 정품이라면 다리만
으로도 가격대가 꽤 나가는 물건입니다.

02

스툴을 만들고 싶어 위의 ㄱ자 철물을 빼낸 다음

03

의자 틈새에 목공본드를 바르고 집에 있던 미송합판
3T 자투리를 끼웁니다.

04

남은 나무는 톱으로 정리합니다.

05

테이프로 사포를 바닥에 고정한 다음

06

다리를 뒤집어 상판이 놓일 윗부분을 평평하게 만듭니
다. 상판을 그냥 올리면 안 되느냐고요? 에펠 체어는
앞쪽 한 쌍과 뒤쪽 한 쌍의 꺾임 방향이 틀려 수평이 맞
지 않습니다.

Step 2_ 의자 상판 덮기

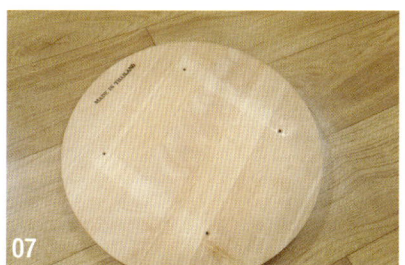

상판이 될 나무입니다. 이 역시 언젠가 쓰지 않을까 싶어 주워온 목재인데 이렇게 빛을 보게 되네요.

평평해진 다리에 상판을 얹은 뒤 상판부터 다리까지 깊이 구멍을 뚫어줍니다.

목공본드를 구멍에 채우고

목심을 고무망치로 톡톡 쳐서 넣은 다음

상판 구멍에도 목공본드를 바르고 결합했습니다. 마감은 우드필러와 사포질로 최대한 매끈하게 만듭니다.

스테인과 바니시로 마감했습니다. 어려운 작업 없이 공짜로 마음에 드는 의자가 생겼습니다.

멀티탭
받침대

인테리어의 또 하나의 목적이라면 생활을 편리하게 하는 것이지요. 보기에만 좋고 생활에 불편함을 준다면 절반의 목적만 달성한 것이라 생각합니다. 바닥 낮은 곳에 있어 껐다 켰다 하기 불편한 멀티탭을 손이 닿는 위치까지 끌어올리기 위해 멀티탭 받침대를 만들었습니다.

평상시에는 전원을 꺼놓는데 피아노를 칠 때마다 켜는 것이 힘들다고 딸아이가 이야기했거든요. 아이를 놀이동산에 데려가고, 좋은 물건을 사주는 것 말고도 사랑을 표현하는 방법은 다양합니다. 이제 손이 잘 닿으니 전력이 불필요할 때 끄기 편해져서 전기를 더욱 아끼는 효과도 생겼습니다.

사용 재료	삼나무, 목공본드, 드릴, 목심, 스테인
재료비	삼나무 18T : 12,000원
소요 시간	30분
난이도	★ ☆ ☆ ☆ ☆

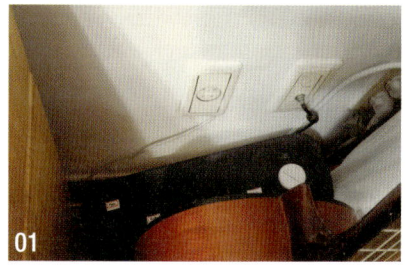

01 멀티탭 박스가 기타 뒤에 숨어 있어 전원을 켜고 끄기 쉽지 않았습니다.

02 다리가 될 부분에 드릴로 목심이 들어갈 길을 미리 뚫어준 후

03 목심 표시기를 구멍에 꽂고

04 꾹 눌러 찍으면

05 반대쪽에 뚫을 부분이 표시가 됩니다.

06 표시가 된 부분을 중심으로 드릴로 구멍을 뚫고

07

목공본드를 듬뿍 채운 뒤

08

목심을 꽂습니다.

09

접합면에 본드를 바른 다음

10

구멍에 끼워주면 다리 한쪽 완성.

11

반대쪽 다리도 같은 방법으로 반복해 결합합니다.

12

상판도 같은 방법으로 목심으로 결합합니다.

13

상판을 얹고 본드가 마를 때까지 딸아이의 책으로 눌러놓습니다.

14

사포질과 스테인 작업 후 멀티탭을 올렸습니다.

계획대로 밖에서는 잘 보이지 않으면서도 딸아이가 누르기 편한 높이까지 올라왔습니다. 사실 이런 것까지 만들 필요가 있나 싶기도 하지만 딸이 필요로 한다면 충분히 괜찮다고 봅니다. 완벽한 아빠는 아닐지라도 완벽하게 사랑하는 아빠가 되고 싶거든요.

개인적 취향이 듬뿍, 인테리어 소품

쓸모 있는 물건으로만 집이 채워져 있다면 정말 심심할 겁니다. 작고 좁은 공간이지만 곳곳에 개성 넘치는 소품들이 자리하고 있습니다. 집에 오는 분들마다 궁금해하는 소품들을 소개합니다.

A   B   C

A 찬넬 선반과 책장 사이 공간에는 이케아 와인렉을 설치했습니다. 집주인의 취향이 확실히 드러나나요. B 가벽 옆에 달린 금속 물체에 대해 관심을 보이는 분들이 많습니다. 펍에 가면 주로 볼 수 있는 벽 오프너로, 스타엑스(Starr X)라는 모델입니다. C 전자 피아노 위 오메가 헤드폰 스탠드(Omega Headphone Stand). 인테리어 효과도 있고 헤드폰 사용도 간편해졌습니다. D 사이좋게 나란히 칫솔 꽂이. 무인양품 제품으로, 물이 빠져 청결하기도 하고, 정리 효과와 나란히 꽂아두는 재미도 있습니다.

D

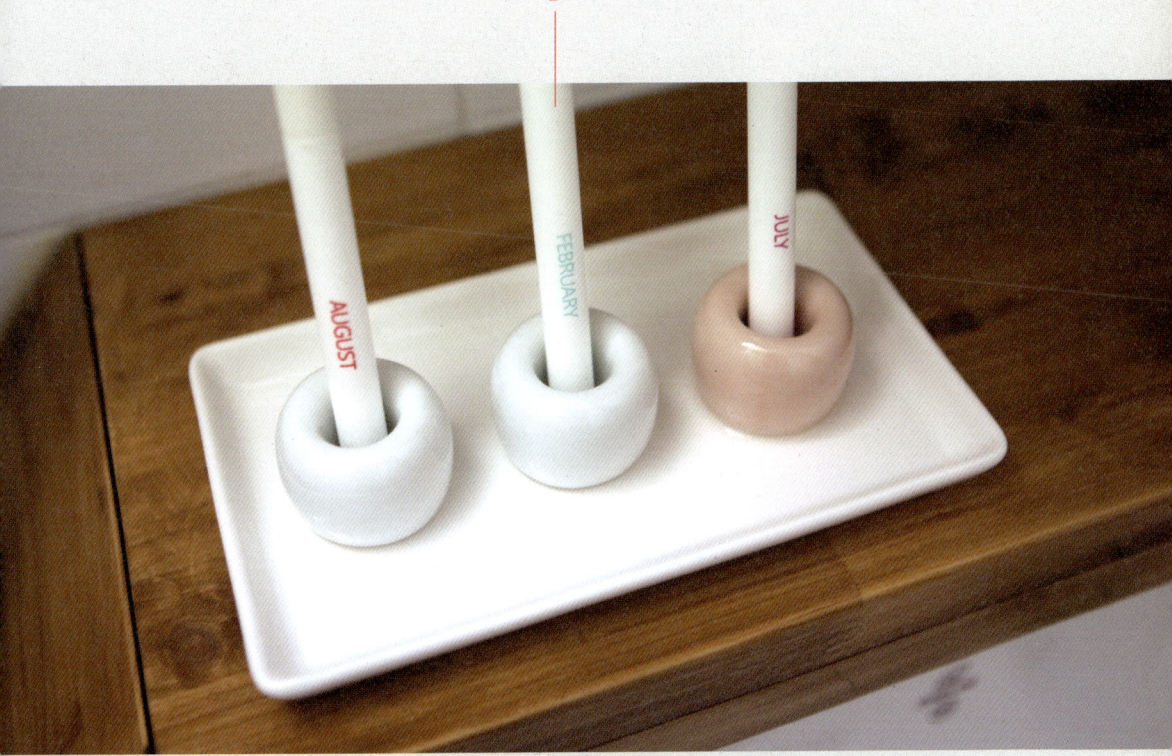

A

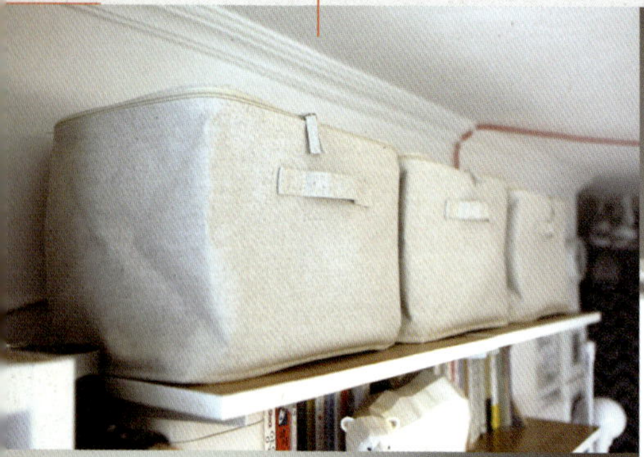

C

B

집을 깔끔하게 만들어주는 생활용품

거실에서 최대한 신경 쓴 것은 통일감. 흰색을 주로 사용해 밝아 보이게 했습니다. 사실 톤만 맞춰도 집이 잘 정돈되어 보입니다. 반대로 집에 별 게 없어도 색과 재료가 제각각이면 더 좁고 어지럽게 보이기도 합니다. 좁은 집도, 아이가 있는 집도 깔끔하게 만들어주는 생활용품을 소개합니다.

D

A 찬넬선반 위 소프트 박스. 아이의 장난감을 수납하고 있습니다. 손잡이가 있어 넣고 꺼내기가 편리하다는 장점이 있습니다. 무인양품 구입. B 책장 위 파일함에는 딸아이의 작품들을 보관하고 있습니다. 가격도 저렴하고 디자인도 간결해 만족스러운 제품입니다. 이케아 구입. C 아이의 사진 앨범을 모아둔 박스입니다. 책장에 딱 맞는 박스였으면 완벽했을 텐데 약간의 아쉬움이 있네요. 이케아 구입. D 멀티탭 박스. 복잡한 선들을 안 보이게 할 수 있고 버튼만 누르면 전원을 쉽게 껐다 켰다 할 수 있습니다.

조금 더 따뜻하게, 패브릭 활용

재봉틀은 아기자기한 걸 만드는 것을 좋아하는 아내가 가장 아끼는 도구입니다. 실제로 커튼, 쿠션 등 아내가 손수 만든 패브릭 제품들이 저희 집 곳곳을 채우고 있습니다. 패브릭은 질감과 색에 따라 집의 분위기를 좌우하는 데다 면적도 크기 때문에 인테리어 하실 때 집과 잘 어울리는 것을 고르시면 시너지 효과가 큽니다. 아내는 따뜻하고 자연스러운 느낌을 주고자 흰 계통의 리넨을 주로 활용합니다.

A

A 딸아이가 태어나자 아내는 손수 옷을 만들어 입히고 싶어 했습니다. 우울감도 달래줄 겸 아내에게 선물해준 재봉틀이 지금은 저희 집 패브릭 소품들도 담당하고 있습니다. **B** 평일에는 켤 일이 별로 없는 모니터는 전자제품 특유의 찬 느낌을 지우고, 좀 더 밝은 분위기를 내고자 리넨 커버를 씌워둡니다. **C** 여름철이 지나면 에어컨에 커버를 씌워 먼지가 쌓이는 것을 막습니다. 차가운 느낌도 지울 수 있으니 일석이조입니다. 커튼은 어떻게 보면 또 하나의 벽입니다. 벽 하나를 덮을 정도로 차지하는 면적이 넓기에 통일감을 주고자 동일한 천을 사용했습니다.

B

C

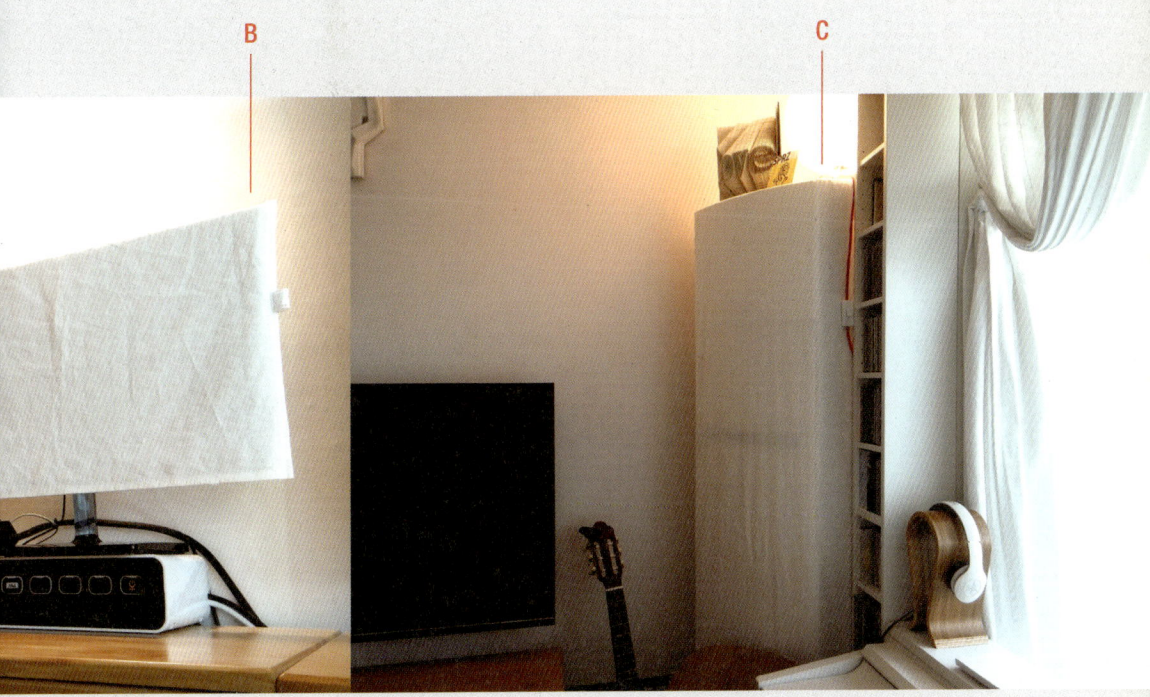

Kitchen

셀프 인테리어 시작 전, 싱크대 교체 비용을 알아보
니 백만 원은 훌쩍 넘었습니다. 작은 집일수록 수납
과 구조에 신경을 쓸 수밖에 없는데 이런저런 기능
을 추가하다 보면 작은 싱크대지만 비용은 결코 작
지 않더군요. 그래서 조금씩 고쳐보기로 했습니다.
주방을 작업하면서는 늘 기분이 좋았습니다. 낡은
후드를 교체하며 가족의 건강을 떠올렸고, 아내 몰
래 싱크대 조명을 설치하면서 기뻐할 아내 모습이
떠올랐습니다. 식탁을 만들기 위해 도면을 수정하
고 비용을 모으던 긴 시간, 그 앞에 마주 앉아 함께
대화를 나누고 웃고 떠들 가족의 모습이 함께했거
든요.

오래된 냉장고를 메탈 냉장고로

제가 결혼하던 해에는 어찌된 일인지 냉장고에 천편일률적으로 꽃무늬 그림이 그려져 있었습니다. 당시만 해도 냉장고에 취향을 투영할 수 있는 부분이 크기나 브랜드를 결정하는 것 정도였기에 당시 최신 인테리어 트렌드가 반영된 거대한 꽃무늬 냉장고가 저희 집 한복판을 압도하고 있었습니다. 어느 날 아내가 마트 가전제품 코너를 돌다 메탈 질감의 냉장고를 보더니 '나도 이런 냉장고 갖고 싶다.' 하더군요. 평소 뭔가를 갖고 싶다 하는 법이 없는데도 불쑥 말로 튀어나올 만큼 마음이 컸던 거겠죠. 그러나 대형가전은 고장 나기 전까지는 쭉 사용하는 게 옳다고 생각하는 터라 선뜻 바꾸자 말할 수가 없었습니다. 그러다 메탈 느낌 시트지가 있다는 것이 생각나 냉장고에 입혀주기로 했습니다. 다음 날 아침, '나는 이런 게 아니라 인케이스, 쇼케이스 따로 열리는 걸 원한 건데!'라고 아내가 말하긴 했지만, 표정은 꽤 만족스러워 보였으니 그걸로 됐어요. 완벽하진 못하더라도 해보기라도 하라는 아버지의 말씀, 언제나 옳네요.

사용 재료	시트지, 커터칼, 낚싯줄, 분무기, 스펀지 헤라
재료비	시트지 : 8,000원
소요 시간	30분
난이도	★☆☆☆☆

Step 1_ 사전 준비

저희 집 냉장고와 용량은 다르지만 모양도, 무늬도 똑같은 처갓집 냉장고 작업을 보여드립니다.

냉장고 손잡이의 위아래 나사를 풀어 작업하시면 훨씬 편합니다.

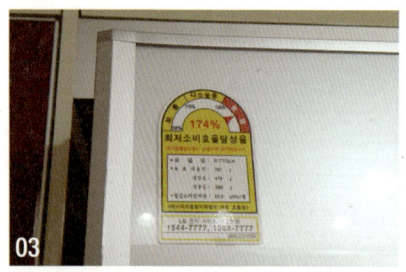

좀 더 높은 완성도를 위해 에너지 소비 효율등급 스티커를 조심스레 떼어내고

엠블럼은 낚싯줄을 틈에 넣어 잡아당기며 떼어냅니다.

비닐이나 잡지 표지 등에 얹어 잘 보관해놓습니다. 저는 딸아이의 스티커판에 붙여놓았습니다.

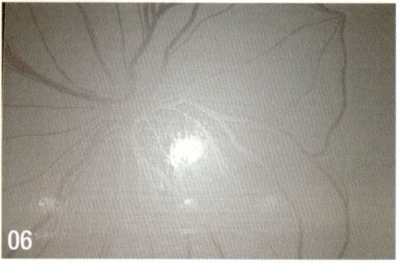

부착 면을 유리세정제로 잘 닦아내고, 잘못 붙더라도 다시 떼었다 붙이기 쉽도록 LCD 액정 부위를 제외한 모든 면에 분무기로 물을 충분히 뿌립니다.

Step 2_ 시트지 붙이기

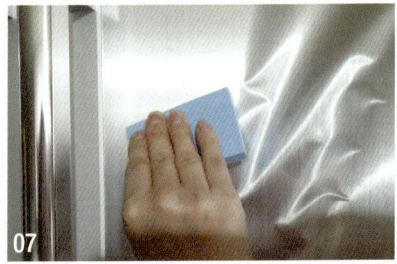

시트지는 붙일 면적에 딱 맞게 자르기보다 넉넉하게 준비하는 게 좋습니다. 상단 모서리에 맞춰 시트지를 대고 구석부터 스펀지 헤라로 밀어나갑니다.

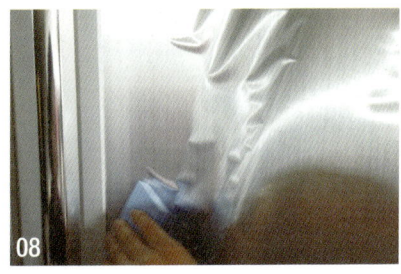

기포가 들어가면 살짝 떼어내고 다시 붙입니다.

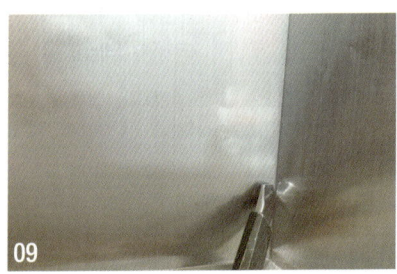

끝나는 부분은 뾰족한 물체로 꼭꼭 눌러 붙여 모양을 잡아주고

커터칼로 틈새에 밀어 넣는다는 기분으로 잘라냅니다.

홈바는 면적보다 2~3mm 작게 재단해 붙입니다. 딱 맞게 재단하면 모서리가 들뜨거나 먼지가 붙을 수 있습니다. 중앙에 요철이 있는 부분은 칼로 뚫어줬습니다.

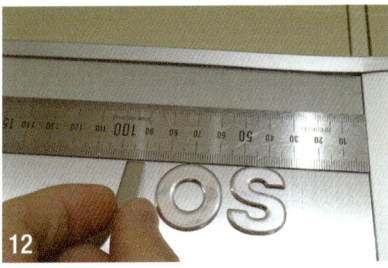

엠블럼과 스티커를 재놨던 위치에 맞춰 다시 붙여주면 완성입니다.

사용 재료	인출식 후드, 드라이버
재료비	인출식 후드 : 36,000원
소요 시간	30분
난이도	★ ☆ ☆ ☆ ☆

집에 관심을 갖고 나면 그동안 무심히 지나쳤던 것들이 다시 보입니다. 예컨대 아내가 요리를 하며 창문을 열어두곤 하여 딸아이를 찬바람에서 보호하고자 담요를 뒤집어쓰고 장난을 치던 어느 겨울 저녁, 오래된 후드가 문제라는 걸 문득 깨닫는 것처럼 말이지요. 워낙 오래된 탓에 흡입력이 안 좋아 후드를 틀고도 창을 열어놓곤 했거든요. 그래서 후드를 교체하기로 마음먹었습니다. 어느 것이나 그렇겠지만 후드도 비싼 건 한도 끝도 없이 비싸지고, 싱크대를 변경해야 하는 등 대공사가 필요하긴 합니다. 그러나 저렴한 모델의 경우 찬찬히 보면 생각보다 단순한 구조라 비교적 쉽게 교체할 수 있습니다.

Step 1_ 기초 작업하기

01

구입한 후드를 설치하기 전에 전구부터 교체하기 위해
필터를 뺍니다.

02

무려 30와트의 촛대전구가 이름표를 달고 꽂혀 있네요.

03

7와트 LED 전구로 바꿔 끼우고

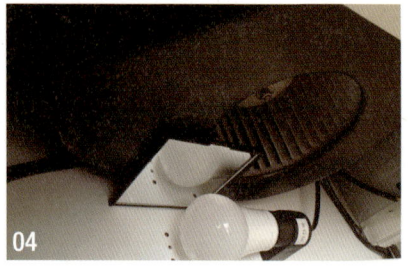

04

굴러다니던 손거울을 위쪽에 달아 빛이 아래로 모아지
도록 합니다.

05

아무리 닦아도 기름때가 지지 않던 기존 후드를 철거
할 차례입니다.

06

상부장을 열고 브래킷의 나사를 풀어 후드를 떼어낸
뒤 묵은 기름때를 닦아냅니다.

Step 2_ 새 후드 설치하기

07

제품에 동봉된 브래킷을 후드 본체와 연결합니다.

08

싱크대 하단으로 후드를 넣어 받치고 브래킷을 벽면에 고정시켜 후드를 설치합니다. 설치 자체는 무척 간단합니다.

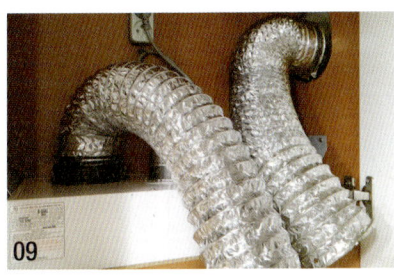

09

기존 배기통도 지저분하지는 않지만 새 후드로 교체하는 김에 함께 바꿔줍니다. 원래 있던 배기통을 빼고 그 자리에 꽂기만 하면 됩니다.

10

전선은 케이블 타이로 감아 정리합니다.

11

싱크대 문을 닫으면 설치 끝입니다. 인출식이라 앞으로 튀어나와 있지 않아, 기능을 떠나 미관상 훨씬 낫군요.

싱크대
간접조명
설치

싱크대에 서면 조명을 등지고 서게 되므로 그림자가 드리워지게 마련입니다. 간혹 싱크대 쪽으로 창이 나 있어 채광이 좋은 집도 있지만 저희 집은 낮에도 창을 등지고 있어 요리를 하거나 설거지를 할 때면 그림자가 드리워집니다. 이런 까닭에 요즘 지어진 집들은 싱크대 상부장 아래 조명이 설치되어 있기도 합니다.

아내가 내심 처가의 싱크대 조명을 부러워하는 눈치기에 다음 날 아침 깜짝 놀래줄 요량으로 몰래 설치했습니다. 저 역시도 밤에 물 한 잔 마시러 나와서도 환한 주방등보다는 은은한 간접조명 아래서 드라마 남자 주인공처럼 분위기 좀 낼 수 있지 않을까 상상하며 고무적으로 작업했지요. 요즘은 LED 바도 안정기를 따로 연결할 필요 없이 바로 전원을 꽂기만 하면 되기에 손쉽게 작업할 수 있습니다.

사용 재료	T5 LED 전등, 멀티탭, 스위치, 드라이버, 니퍼
재료비	T5 LED 전등 : 15,000원 스위치 : 1,000원 멀티탭 : 소장품
	Total : 16,000원
소요 시간	1시간
난이도	★ ★ ☆ ☆ ☆

Step 1_ 전선 끌어오기

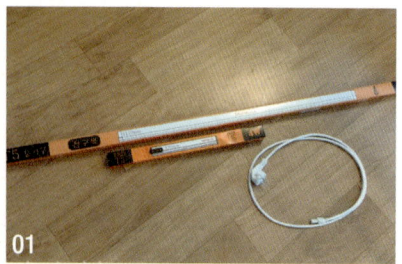

01

싱크대 너비에 맞춰 구입한 T5 LED 등입니다.

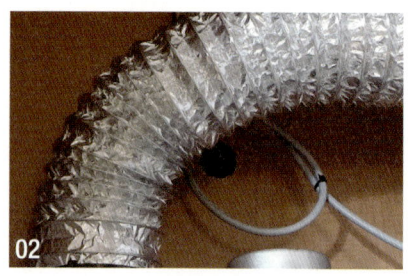

02

콘센트가 필요한데 싱크대 주변에서는 후드장 안쪽뿐
입니다.

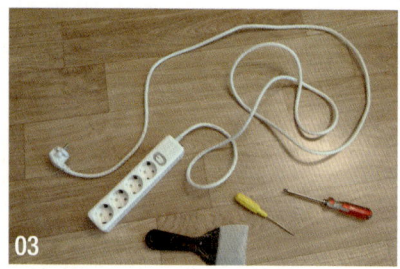

03

멀티탭으로 후드장에서 전기를 끌어오기로 했습니다.

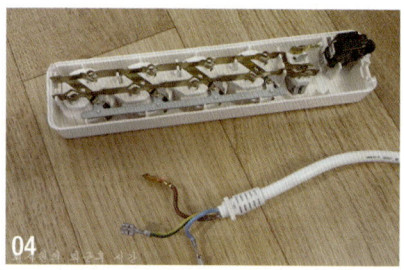

04

후드장 뒤로 플러그가 통과하지 않으므로 드라이버로
멀티탭을 분해한 뒤 전선만 분리합니다.

05

후드 구멍을 통과해 싱크대 상부장 뒷면으로 멀티탭
전선을 통과시킨 후 다시 멀티탭을 조립했습니다.

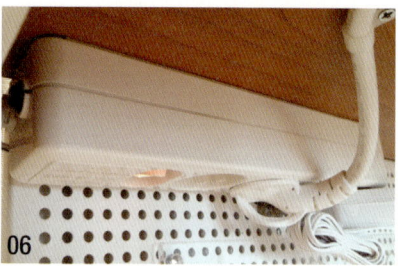

06

멀티탭은 싱크대 상부장 아래쪽에 나사로 고정했습니다.

Step 2_ LED 등 설치 및 스위치 만들기

싱크대 상부장 하단에 브래킷을 단 뒤 LED 등을 딸깍
소리 나게 꽂아줍니다.

플러그를 뺐다 끼웠다 하지 않아도 되도록 스위치를
만들기로 합니다. 일반 전선에 콘센트와 스위치를 연
결할 겁니다.

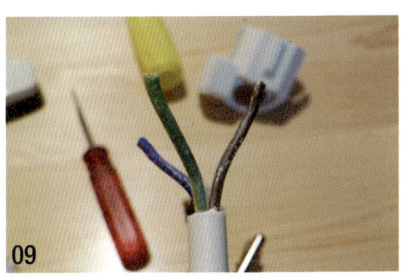

전선 피복을 벗기면 선이 세 가닥 나옵니다. 파란색과
갈색선은 전원인가선, 초록과 노랑으로 된 선은 접지
입니다.

플러그에 다음과 같이 선을 연결하고

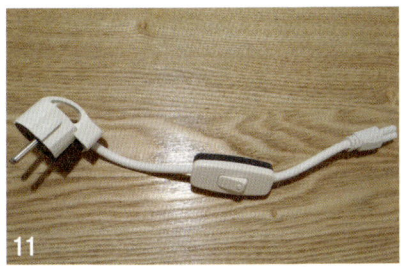

전선 중간에 스위치를 달아주면 완성입니다.

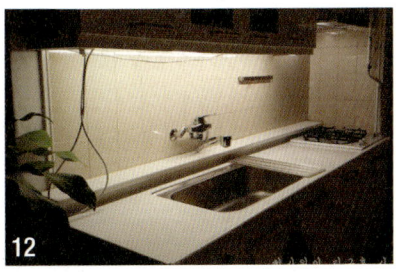

등에 전원선을 꽂아 연결하면 감성 주방 완성입니다.

저희 집은 연식에 비해 싱크대 타일이 크게 깨지거나 금간 곳 없이 양호했지만, 누가 봐도 성의 없이 발라진 변색된 실리콘과 파운데이션 22호와 23호 사이 애매한 타일 색상이 눈에 걸려 언젠가 하얗게 바꾸리라 마음먹곤 했습니다. 하지만 늘 망설이곤 했는데, 이유는 타일 작업이 엄두가 나지 않았기 때문입니다.

근래 출시된 타일 모양 접착식 PVC도 생각해보았으나 화기 주변이다 보니 불안했습니다. 큰맘 먹고 타일을 붙이기로 했지만 막상 재단해가며 작업해보니 실제로 시간과 체력 소모가 커 나머지 면은 타공판으로 덮기로 했습니다. 타공판은 원하는 곳에 후크나 자석을 붙여 사용할 수 있기에, 수납할 것은 많고 보관할 곳은 한정적인 주방에 꽤 훌륭한 아이디어였다 생각합니다. 아내는 자석으로 된 배달음식 쿠폰 붙일 곳이 많아져서 좋다고 하는군요.

사용 재료	타일, 줄눈제, 세라픽스, 실리콘, 고무헤라, 스펀지, 타공판, 금속용 홀쏘
재료비	육각 모자이크 타일 : 25,000원 타일 줄눈제 : 재사용 세라픽스 : 9,500원 실리콘 : 2,000원 타공판 : 49,000원 x 2개 Total : 134,500원
소요 시간	5시간
난이도	★ ★ ★ ★ ☆

Step 1_ 사전 준비

01

오묘한 타일 색에 대충 발라진 실리콘이 마음에 걸려
타일을 덧붙여 덮기로 합니다.

02

모자이크 타일을 필요한 길이대로 자르고

03

튀어나오는 부분은 핸디 그라인더로 잘라 작업을 준비
합니다.

04

타일이 잘 붙을 수 있도록 싱크대를 깨끗이 닦습니다.

Step 2_ 타일 붙이기

05

타일용 본드인 세라픽스를 뿔 헤라라는 톱니 모양 고무 주걱을 이용해

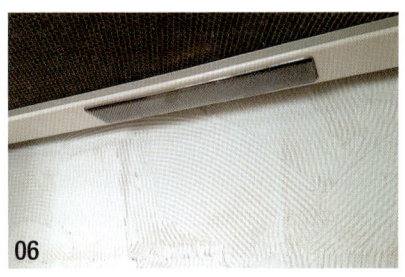

06

최대한 얇게 펴 바릅니다.

07

재단해 두었던 타일의 자리를 잡아주고

08

고무망치로 살살 두드려가며 벽에 붙입니다.

09

아까 잘랐던 타일 조각들은

10

빈 부분에 붙여 틈을 메웁니다.

11

금쪽같은 토요일 반나절을 가족과의 시간을 포기한 채 자르고, 붙이고, 두드리고를 반복하며 한쪽 벽면을 채우고는 힘들어 포기하기로 합니다. 참으로 인간적이지 않습니까?

12

그래도 시작한 건 끝을 내야죠. 줄눈용 시멘트를 물에 개 치약 농도로 맞춰준 후

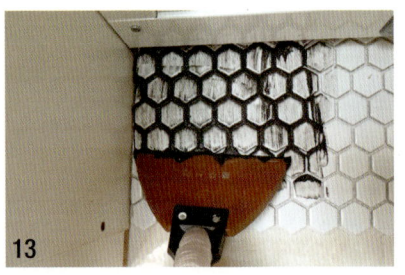

13

고무헤라로 밀어가며 타일과 타일 사이를 채웁니다. 고무헤라가 없으면 단단한 종이를 이용해도 됩니다.

14

30여 분 정도 말린 뒤 물에 적신 스펀지로 한 방향으로만 밀어서 닦아냅니다.

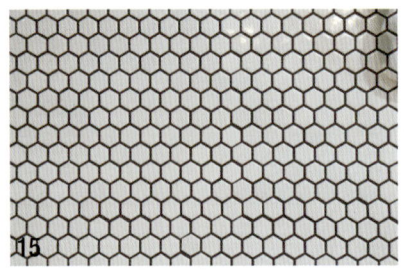

15

줄눈용 시멘트가 완전히 굳기 전에 말끔히 닦아냈습니다.

16

완성이면 좋겠지만 아직 멀었습니다. 남아 있는 타일의 무게만큼 어깨도 무겁네요.

Step 3_ 타공판 붙이기

마무리를 해야 하니 기존 싱크대 상판의 선반을 제거
하고

커다란 타공판 두 장으로 덮어버렸습니다.

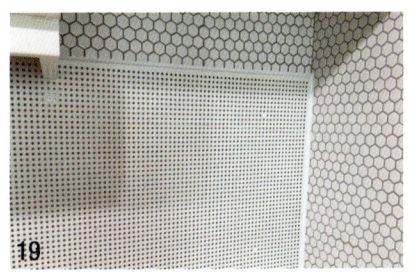

나중에 타공판을 제거해도 기존 타일이 흉하지 않도록
타일과 타일 사이에 못을 박아 고정한 뒤, 테두리 부분
은 실리콘을 둘러 마감했고

복병이었던 수전 부분은 금속용 홀쏘로 타공판에 구멍
을 뚫어 연결했습니다. 수전 뒤쪽에 타공판을 붙이는
작업이라 수도를 완전히 차단해야 합니다. 가정마다
중앙 수도 밸브의 위치가 다르니 작업 전 관리사무소
등에 확인하시기 바랍니다.

타공판은 다양한 부속품을 이용해, 원하는 기능을 갖춰 사용할 수 있다는 장점이 있습니다. 저희 집은 하단에 선반을 달아 칼블럭이나 세제 등을 얹어두었고, 커피 머신에 맞는 사이즈 선반을 달아 제자리를 잡아주었습니다. 그 위로는 자석으로 된 커피 캡슐 홀더를 붙여두었습니다. 아내는 사용하기 편리한 곳에 고리를 끼워 조리도구를 걸어두기도 하고, 타이머도 척 붙여 사용합니다.

싱크대
문 바꾸기

싱크대를 리폼한다고 하면 일반적으로는 페인트를 칠하거나 필름지를 붙입니다. 페인트는 비교적 쉽게 작업할 수 있고, 필름지는 붓자국이 안 난다는 장점이 있지요. 하지만 경우에 따라 문을 교체하는 것이 효과적일 수 있습니다. 한 번 이상 리폼을 해 문이 무거워졌다든가, 리폼이 불가능할 정도로 낡았을 때, 또는 작업 시간이 부족한 회사원인 경우에 말입니다. 저는 셋 다 해당됩니다. 페인트나 시트지와 비교해 비쌀 것 같지만 실은 가격 차이도 크지 않습니다.

상부장 대신 가지런한 선반 몇 개가 있는 오픈형 주방에 대한 로망이야 있었지만 어지간한 부지런함으로는 정돈된 모습을 유지 못할 걸 알기에 문을 바꿔 달아 판도라의 상자를 만들기로 합니다. 기존 문 크기를 재고 인터넷 목공소에 주문하면 경첩이 들어갈 홈까지 판채로 보내줍니다. 퇴근 후 작업하더라도 다음 날 출근 전까지 수면 부족 없이 기승전결을 만들어낼 수 있지요. 코팅합판이 친환경 원목이 아닌 MDF나 PB 같은 합성 목재라 염려되실 수도 있지만, 사실 브랜드 제품들도 대부분 싱크대 문짝은 MDF나 PB입니다.

사용 재료	싱크대 문, 경첩, 원터치 자석 캐치(빠찌링), 드라이버
재료비	6면 코팅합판 백색 18T : 50,000원 유압식 아웃도어 싱크 경첩 : 1,500원 x 12개 원터치 도어 캐치(빠찌링) : 1,500원 x 4개
	Total : 74,000원
소요 시간	50분
난이도	★ ☆ ☆ ☆ ☆

기존 싱크대 상부장 문을 전부 떼어내고 경첩을 분리
합니다.

경첩이 들어갈 35mm 홀 가공을 요청한 코팅합판입니
다. 기존 문 크기를 재서 주문했습니다.

기존 싱크 경첩을 재사용하여 구멍에 맞춰 끼우고 나
사못으로 고정합니다. 싱크대 문이 아웃도어이므로 경
첩도 아웃도어용입니다.

싱크대 문짝과 수평이 되도록 달아야 문이 뒤틀리지
않기에 양쪽 나사 위치를 자로 재어 달았습니다.

Tip 인도어와 아웃도어

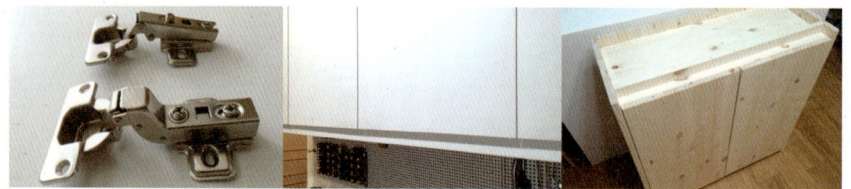

싱크 경첩 종류는 인도어(왼쪽 아래)와 아웃도어(왼쪽 위)가 있습니다. 문이 틀 전체를 덮어 겉에서 보면 틀이 보이지
않는 문은 아웃도어, 틀 안으로 들어가는 문은 인도어라고 합니다. 싱크대(가운데)는 아웃도어라 아웃도어 경첩을 사
용했습니다. 주방의 수납형 식탁(오른쪽)은 인도어 형태로 만들었습니다.

05

문을 직각으로 연 상태로 상부장에 고정합니다.

06

문을 달았다고 끝이 아니라 높이와 좌우 위치를 미세하게 맞출 차례입니다. 중간 나사를 돌리면 좌우로 이동하고

07

끝의 나사를 돌리면 앞뒤로 5mm 정도까지 문을 이동시킬 수 있습니다. 간격이 맞아야 보기도 좋고 문끼리 간섭도 없으니 열었다 닫았다를 반복해 조정합니다.

08

문틀에는 손잡이를 대신해 원터치 도어 캐치(통칭 빠찌링)를 달았습니다. 누르면 들어가고 다시 한 번 누르면 튀어나오는 방식으로

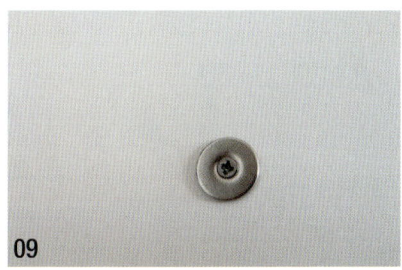

09

구성품으로 같이 들어 있는 동그란 철물을 문 안쪽에 달면

10

끝부분 자석에 붙어 문이 덜컹거리지 않습니다.

before

코팅합판은 미묘하게 푸른빛이 도는 흰색이라 문을 모두 달고 난 뒤, 벽을 칠했던 흰 페인트를 얇게 한 번 발라 색감을 통일했습니다. 실제로 보면 리폼을 거쳐서 낡은 느낌이 들던 기존 싱크대가 새 싱크대처럼 되었습니다.

after

싱크대
토글스위치

싱크대 하단에 스위치를 숨겨두었더니 매번 손으로 더듬더듬해서 조명을 켜야 하기에 불편함을 느끼고 있었습니다. 어느 한가한 저녁, 눈에 띄면서도 보기에도 좋은 토글스위치를 만들어 달기로 했습니다. 큼직큼직한 걸 고치고 만드는 것도 기분 좋지만 작은 곳에 정성을 쏟는 것도 그것만의 즐거움이 있습니다. 내 만족을 위해 사소한 것에 집중하는 시간이 좋은 까닭에 취미생활이 있는 것이겠지요. 적어도 제가 이걸 처음 만들 때만큼은 아무 데서도 팔지도 않고 본 적도 없었기에 상상을 현실화시키는 즐거움도 컸습니다.

사용 재료	토글스위치, 레드파인, 미송합판, 커터칼, 사포, 스테인, 붓, 바니시
재료비	**토글스위치 : 1,500원 레드파인 20T : 자투리 목재 사용** **미송합판 15T : 자투리 목재 사용**
	Total : 1,500원
소요 시간	1시간
난이도	★ ★ ☆ ☆ ☆

Step 1_ 스위치 손잡이 만들기

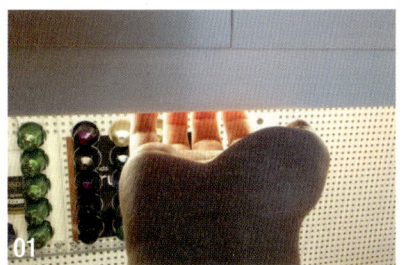

스위치를 싱크대 하부 턱에 숨겨놨더니 켤 때마다 찾
아야 해서 다시 작업하기로 합니다.

특이한 모양으로 만들고 싶어 비행기 오버헤드 패널에
서 많이 보이는 토글스위치를 선택했습니다.

삼나무 자투리를 대패와 사포로 열심히 갈아주고 가운
데 구멍을 뚫으면

쪼개지는군요. 워낙 무른 나무라 그런가봅니다.

레드파인 목재를 사용해 크기를 키워 다시 만듭니다.
다행히 이번엔 성공입니다.

스테인과 바니시로 마감합니다.

Step 2_ 스위치 박스 만들기

미송 자투리를 적당한 크기로 자르고 커터칼과 사포로
스위치가 들어갈 공간을 며칠에 걸쳐 파줍니다.

2면은 싱크대와 맞닿으므로 4면을 목공본드로 붙여주
고(긴 목재는 클램프로 누르기 위해 덧댄 나무입니다.)

완성도를 높이기 위해 접합 부분을 우드필러로 채워줍
니다.

윗면에 리머라는 공구를 이용해 스위치가 들어갈 구멍
을 뚫은 다음

사포질 후 젯소와 페인트, 바니시를 발라 마감합니다.

스위치를 너트로 고정하고 만들어둔 모자까지 씌워주
면 합체 완료.

Step 3_ 스위치 설치하기

13

양옆에 전선이 통과할 구멍을 뚫어 스위치와 연결합니다. 전선 두 가닥 중 한 선은 전선끼리 그대로 이어주고 나머지 한 선만 본체 양끝에 달아주어 스위치를 켤 때만 전류가 흐르는 구조입니다.

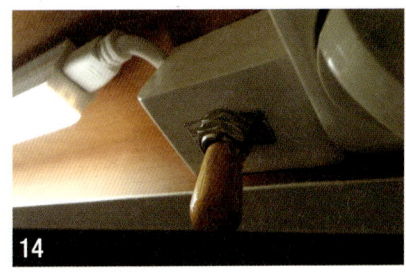

14

무게가 나가는 물건은 아니기에 싱크대 안쪽에 양면테이프로 고정합니다.

계획대로 잘 보이는 위치에 설치하면 원목의 따뜻함까지 느낄 수 있지요. 모든 곳이 평평하고 각진 공간에 가끔은 이런 뜬금없는 요소가 공간을 재미있게 만들어줍니다.

와인 코르크
화분

가끔 초록 식물을 보면 기분 전환도 되기에 곳곳에 작은 식물을 배치해두곤 합니다. 다육식물은 예전부터 자주 보기는 했지만 별다른 생각을 안 하고 있다가 근래에 들어 이 녀석이 오동통한 귀여운 외모와 달리 키우기가 까다롭다는 말을 들었습니다. 뜬금없이 도전 정신이 들어 무작정 화원에 가서 몇 개를 사왔습니다. 집안 분위기에 어울릴 만한 화분을 찾다 문득 와인을 마시고 난 뒤 한두 개씩 모으던 코르크 마개가 눈에 들어오네요. 자연 소재의 질감이 만들어내는 분위기를 좋아하는데 언젠가 이것을 화분 삼아 작은 식물을 심어놓은 외국 인테리어 자료를 떠올렸습니다. 코르크 마개의 너비가 넓어봤자 한정적이기에 이곳에서 오랫동안 식물을 생육시킬 수는 없겠지만 성장이 느린 편에 속하는 다육식물이라면 어느 정도는 키울 수 있을 것 같더군요. 한철 지난 가을을 기대해봅니다.

사용 재료	와인 코르크 마개, 드릴, 리머, 삼나무, 톱, 보링 비트, 스테인, 붓, 바니시
재료비	재활용품 사용
소요 시간	50분
난이도	★☆☆☆☆

Step 1_ 코르크 마개 구멍 뚫기

01

딸아이가 고이 잠든 뒤 아내와 가끔 와인을 마시며 모아둔 코르크 마개 중에서 손상이 제일 적은 최정예 요원들을 선발한 뒤

02

가운데에 드릴로 적당한 깊이로 구멍을 뚫고

03

리머란 공구를 사용하여 구멍을 넓힙니다.

04

팁은 이렇게 생겼습니다. 힘주어 돌리면 콘모양으로 구멍이 뚫리는 구조입니다.

05

집안 어지럽힌다고 아내에게 혼날 걱정도 잊은 채 빙글빙글 신나게 돌려 구멍을 넓힙니다.

06

그러고 보니 이렇게 크게 뚫을 거면 굳이 멀쩡한 걸 고를 필요가….

Step 2_ 코르크 화분 만들기

07

완성된 코르크 화분에 다육식물을 심었습니다.

08

코르크 마개는 몸통이 길고 바닥이 평평하지 않아 기우뚱거려 다리를 달아주기로 합니다. 이쑤시개 두 개를 준비하고

09

가위와 커터칼을 이용하여 적당한 크기로 자른 뒤

10

스테인을 칠해 색을 입히고 송곳으로 미리 길을 낸 코르크에 꽂으면

11

코르크 다육이 화분 완성입니다.

Step 3_ 코르크 화분 틀 만들기

12

코르크 화분이 여러 개일 때 햇볕을 쬐이러 베란다로
갖고 나가기가 불편해 코르크를 고정하는 판을 만들었
습니다. 재료는 재활용함에서 주워온 서랍입니다.

13

앞판만 떼어내 적당한 크기로 자르고

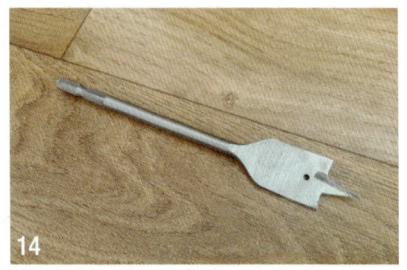

14

목재용 보링 비트를 전기드릴에 꽂아

15

코르크 지름만큼 구멍을 뚫습니다. 조금씩 차이는 있
겠지만 대략 20mm 너비 보링 비트를 사용하면 코르
크를 흔들림 없이 꽉 끼울 수 있습니다.

16

아래쪽에 같은 크기로 자른 목재를 본드로 접합해 흔
들리지 않도록 무게감을 주고

17

한쪽 측면에 자석 깊이만큼 구멍을 뚫고 자석을 심어
냉장고 같은 곳에 붙일 수 있도록 했습니다.

표면을 사포로 고르게 만들고 스테인과 바니시로 나무
에 생기를 불어넣은 뒤

코르크 화분들을 끼워넣습니다.

물을 주거나 햇빛을 쬐이고 싶을 때는 편하게 한 번에
베란다로 가져갈 수 있습니다.

요즘에는 저희 주방 한 켠, 싱크대 조명 아래 있습니다.
조금만 관심을 가지고 주위를 둘러보면 인테리어 소품
으로 사용할 수 있는 소재는 무궁무진하지요.

Tip 일정한 깊이로 구멍 뚫기

일정한 깊이로 구멍을 뚫을 때, 스토퍼라는 동그란 철물을 드릴 비트에 달아 사용하는 것이 정석이지만, 스토퍼가 없
는 경우엔 청테이프를 감아 날이 더 이상 들어가지 않도록 하는 방법이 있습니다. 저 역시 스토퍼 설치가 번거로울 때
애용하곤 합니다.

손님이 방문할 때마다 앉을 만한 것을 찾아야 했기에 벤치를
만들기로 했습니다. 자세히 이야기하자면 아내가 저렴한 걸
로 사자기에 '아냐, 내가 만들어줄게'라고 무심코 던진 말이
현실이 되었네요.

금전적인 부담이 없다면 기성 제품 중에서 선택하면 그만이
겠지만, 무에서 유를 창조하는 것이 셀프 인테리어의 묘미
이지요. 만들기 전 식탁과의 조화, 형태의 통일성, 인체공학
적인 착좌감 같은 건 잠시 스쳐 지났을 뿐, 재료 구입에 들일
수 있는 비용 내에서 설계해 만들었습니다. 모양은 단순합니
다만 집안 곳곳이 직접 만든 것들로 채워지는 것에 뿌듯함이
밀려오네요. 별거 아닌 것들이 모이면 별것이 된다는 말을
실감합니다.

사용 재료	칠레파인, 목공본드, 톱, 목심, 끌, 드릴, 오일, 왁스	
재료비	칠레파인 solid 18T : 39,000원 8자 철물 : 2,400원	
	Total : 41,400원	
소요 시간	5시간	
난이도	★ ★ ★ ★ ★	

<식탁>

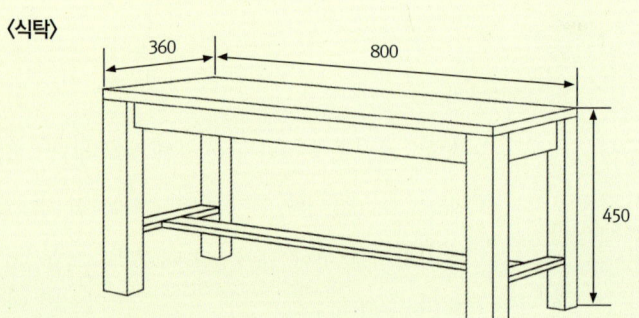

360　800　450

<중앙 보강목>

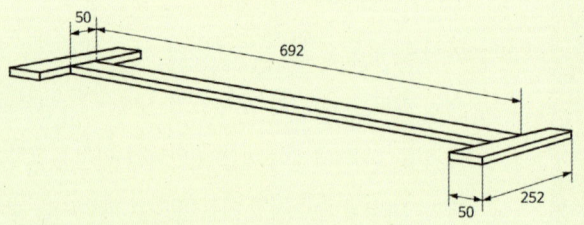

50　692　50　252

<다리 상세>

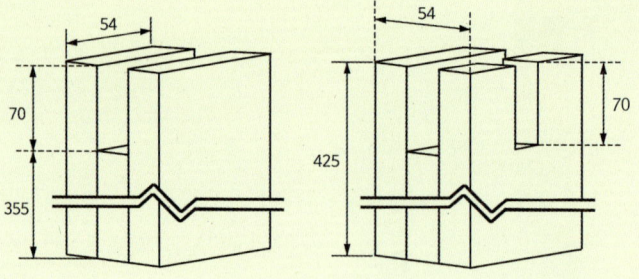

54　70　355　54　70　425

〈8자 철물 방향〉

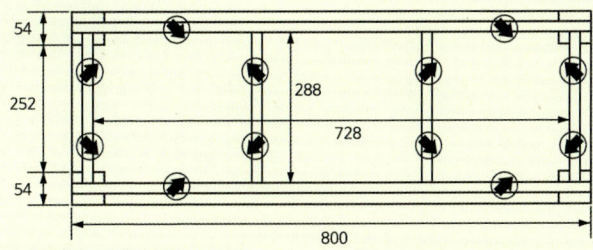

Easy Order
원목 벤치 재단 요청서

수종	사이즈 (mm)	수량	비고
칠레파인 18T	360×800	1	상판
	54×425	8	다리
	54×355	4	다리
	70×288	4	의자 틀, 상판 보강목
	70×800	2	의자 틀
	50×692	1	중앙 보강목
	50×252	2	중앙 보강목

※ 다른 두께의 목재를 사용하시거나 일부 사이즈를 조정해 제작하실 경우
　목재 사이즈가 완전히 달라지니 주의하세요.

Step 1_ 다리 만들기

01

다리가 될 목재 중 짧은 목재 양면에 본드를 바릅니다.

02

짧은 목재 양옆으로 긴 목재를 붙이고 클램프로 꾹 눌러놓으면 18mm의 각재 3개가 붙으니 54mm 두께의 다리가 됩니다. 의자 다리가 4개니 4개를 만듭니다.

03

본드가 마르면 도면대로 한 면의 중앙을 톱을 이용해 세로 방향으로 자르고

04

가로 방향으로는 커터칼을 이용해 최대한 깊이 그어 자른 뒤, 끌로 톡 쳐서 제거합니다. 소프트우드라 커터칼만으로도 잘리긴 하나 내일 출근도 생각해 시간 절약을 위해 끌을 사용하였습니다.

05

의자 다리가 전부 완성되었습니다.

Step 2_ 뼈대 만들기

06

다리 홈에 의자 틀을 끼울 차례입니다.

07

다리 틈 사이에 목공 본드를 바르고 길이가 긴 지지대를 끼웁니다. 본드를 바를 때 칫솔을 이용하면 구석구석 바를 수 있습니다.

08

같은 방법으로 맞은편 끝 다리도 연결해줍니다.

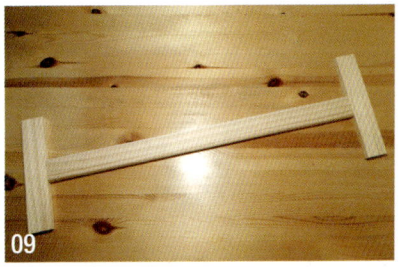

09

의자가 흔들리지 않도록 H 모양의 보강목을 만든 다음,

10

도웰링 접합으로 다리 사이에 넣어주었습니다.

11

상판 보강목들 역시 도웰링 접합으로 달아줍니다.

12

13

고무망치로 톡톡 두드려 반대쪽 다리와 합체시킵니다. 고무망치가 없어 일반 망치를 사용할 경우 목재가 상하지 않도록 수건으로 덮고 두드려주세요.

다행히 맞춘 듯 잘 들어갔습니다.

Step 3_ 상판 덮기

14

15

8자 철물의 두께만큼 홈을 파고 힘을 받을 수 있는 곳에 설치합니다. 나사못과는 달리 목재의 수축 팽창에 따라 조금씩 움직이며 목재가 숨 쉴 여지를 만들어줍니다.

의자를 뒤집어 나사못으로 상판과 연결합니다.

16

17

8자 철물은 직각이 아닌 사선 방향으로 달아야 합니다. 직각으로 놓거나 한쪽 방향으로만 놓으면 상판의 수축과 팽창을 잡아주는 의미가 줄어듭니다.

벤치는 사람의 손이 자주 닿는 가구이므로 오일을 바른 후 왁스로 마감하여 완성합니다.

수납형 식탁 만들기

몇 년간은 공간박스의 윗부분에 원목을 얹어 아일랜드처럼 사용했습니다. 그러나 식탁으로 쓰기엔 높고 폭이 좁아 아래는 딸아이의 책을 보관하고, 위에는 요리를 잠시 올려놓는 용도밖에는 되지 않았습니다. 식탁은 따로 두고요. 그러다 딸아이가 자라며 수납공간이 부족해진 차에, 비효율적인 동선도 개선할 겸 두 역할 모두를 수행하는 하나의 제품을 만들기로 했습니다. 식탁 밑 부분에는 오픈 책장과 문 두 개 달린 수납장을 설치해 외부에서 볼 때 깔끔해 보이도록 하고 상판은 넓은 원목을 올려 4인용 식탁을 제작했습니다.

큰 크기만큼 구조목이 많이 들어가는 작업이기에 책장은 저렴한 코어합판, 상판과 수납장은 레드파인을 사용했습니다. 레드파인은 나이테가 좁고 시간이 지나면서 붉어지는 경향이 있습니다만 소프트우드치고는 강도가 강한 편이고, 구하기 쉬운 목재라 가격도 저렴한 편입니다.

사용 재료	레드파인, 코어합판, 경첩, 8자 철물, 목공본드, 목심, 드릴, 스테인, 바니시, 왁스, 페인트, 롤러, 붓
재료비	레드파인 24T : 77,000원 레드파인 18T : 116,000원 코어합판 18T : 85,000원 유압식 인도어 싱크경첩 : 1,500원 x 4개 8자 철물 : 재사용
	Total : 284,000원
소요 시간	8시간 (2박 3일)
난이도	★★★★★

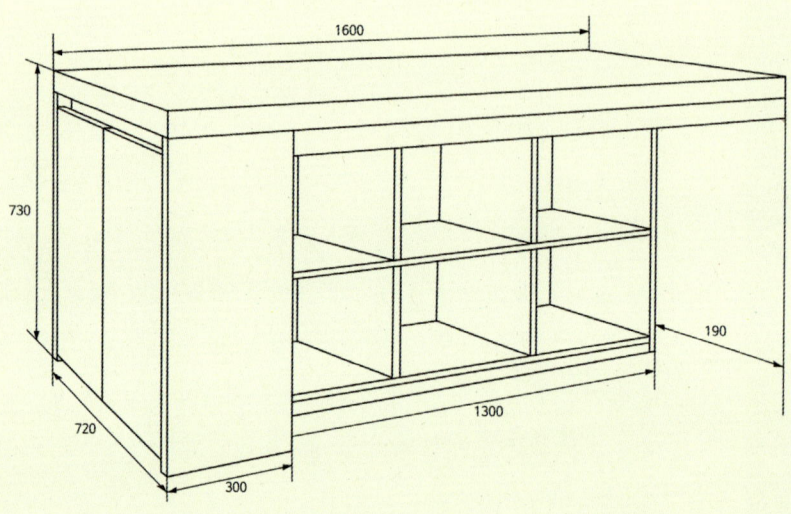

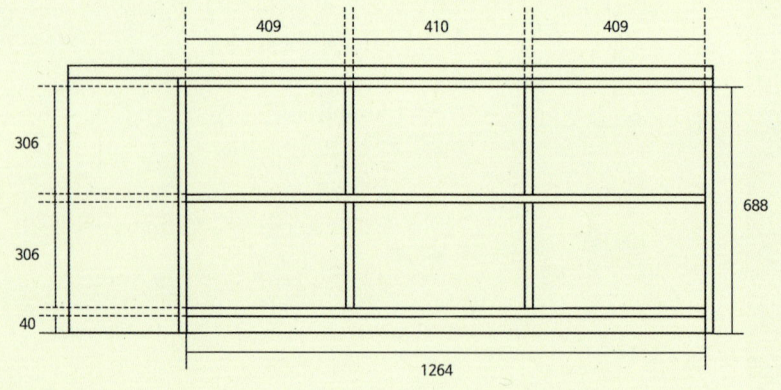

Easy Order
수납형 식탁 재단 요청서

상판

수종	사이즈 (mm)	수량	비고
레드파인 24T	720×1600	1	상판
	30×1300	2	보강목

책장

수종	사이즈 (mm)	수량	비고
코어합판 18T	340×1300	1	위판
	304×1264	2	중앙 가로 선반, 밑판
	304×688	2	옆판
	304×306	4	세로 칸 나눔
	40×1264	1	하단 막음
	706×1300	1	뒷판

수납장

수종	사이즈 (mm)	수량	비고
레드파인 18T	264×684	3	윗판, 가로 선반, 밑판
	300×706	2	옆판
	264×296	1	세로 칸 나눔
	30×684	2	상단, 하단 막음
	684×706	1	뒷판
	337×656	2	문(싱크 경첩 가공)
	30×270	4	문 보강목

※ 다른 두께의 목재를 사용하시거나 일부 사이즈를 조정해 제작하실 경우
목재 사이즈가 완전히 달라지니 주의하세요.

Step 1_ 책장 만들기

01

도면대로 재단되어온 목재에 본드를 발라

02

가접을 한 다음 나사못으로 접합을 할 겁니다.

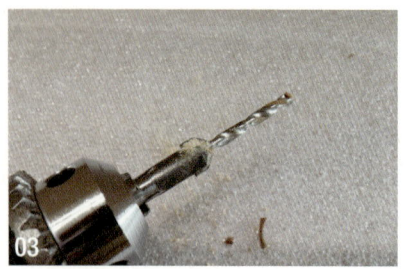

03

이중 드릴비트를 이용해

04

힘을 받을 수 있는 위치에 구멍을 뚫어준 다음

05

나사못으로 한 번 더 고정합니다.

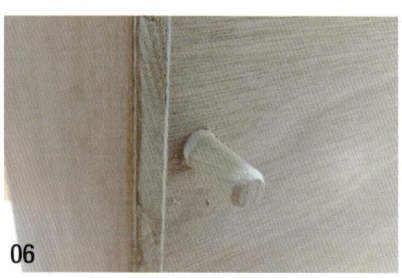

06

뚫린 구멍에 본드를 넣고 목심을 끼워 막고

07 튀어나온 부분은 톱으로 제거해 못 자국을 없앱니다.

08 뒷판과 옆판을 연결한 모습입니다. 나머지 부분도 같은 방법으로 모양을 만들어나갑니다.

09 목공본드를 바르고 나서 되도록 무거운 걸로 꾹 눌러 두면 좀 더 단단하게 붙일 수 있습니다. 저는 딸아이 책으로 눌러 놓았습니다.

10 단단하게 붙어서 본드가 비어져 나온 부분은 굳기 전에 닦아냅니다.

11 합판 특성상 군데군데 구멍이 있는 부분은

12 우드필러로 메워주고

13 마르면 사포로 모서리와 표면을 고르게 만듭니다.

14 주말 내내 옆에서 지켜보던 딸아이가 도와주고 싶었는지 페인트칠을 준비하니 먼저 붓을 들고 오네요.

15 안으로 들어가서까지 열정적으로 칠하는 모습을 보니 제 딸 맞는 것 같습니다.

16 뒷면까지 마저 칠한 뒤 바니시로 마감해두고 다음 작업을 준비합니다.

Tip 일반 합판과 코어 합판의 차이

일반 합판(왼쪽)은 얇게 켠 나무를 여러 장 합쳐 만든 것입니다. 코어 합판(오른쪽)은 중앙 부분에 재재하고 남은 목재를 넣고 겉은 얇은 단판을 덧붙인 합판으로, 일반 원목보다 훨씬 저렴하기에 인테리어 내장재로 많이 활용합니다. 수납함은 식탁 안쪽으로 들어가는 부분이라 저렴한 코어 합판을 사용하고, 페인트로 칠했습니다.

Step 2_ 수납장 만들기

17

식탁의 옆면이 될 수납장을 만듭니다. 뒤판에 양 옆판을 고정하고

18

판재에 각목을 덧대 밑판을 만든 다음

19

본드와 나사로 조립합니다.

20

중간판은 가운데 칸막이를 미리 붙인 다음에

21

틀 안에 넣어 양 옆에서 나사로 고정하고

22

밑판과 같은 모양으로 만든 윗판을 덮습니다.

23 문에 가공된 홈에 싱크 경첩을 답니다. 인도어 경첩으로, 문을 닫았을 때 문짝이 틀 안으로 들어가는 구조입니다.

24 경첩으로 문을 달고 여닫을 때 간섭이 없도록 나사를 이용해 조정합니다.(153쪽 싱크대 문 교체 참조)

25 문 위쪽이 윗판보다 조금 더 높이 올라오게 달아, 손잡이를 달지 않고도 쉽게 열 수 있도록 했습니다.

26 경첩의 위치를 확인한 뒤 다시 해체해 스테인으로 색을 입힌 뒤

27 두꺼운 각목 끝을 사선으로 다듬어서

28 문 안쪽 상하에 도웰링 접합으로 덧대 뒤틀림을 최대한 방지하도록 보강했습니다.

Step 3_ 결합하기

29

책장과 수납장을 T자 모양이 되도록 합체시킵니다.

30

위쪽에서 세 군데

31

중앙에서 세 군데 나사못으로 고정했습니다.

32

식탁 상판이 될 목재입니다. 현관문에 버금가는 크기입니다. 목재와 함께 걱정까지 배달받은 느낌이네요.

33

원목 벤치 상판을 얹을 때와 마찬가지로 포스너 비트를 사용하여 8자 철물 두께 만큼 홈을 파고

34

끌로 부채꼴 모양으로 다듬어

35

8자 철물을 설치, 목재의 수축·팽창에 순응해 좌우로 움직일 수 있도록 합니다.

36

상판을 얹고 밑에서 보면 이런 모양입니다. 나사로 접합합니다.

37

상판 옆쪽에는 두께감이 있어 보이게 보강목을 덧댔습니다.

38

식탁으로 사용할 거라 일반 바니시보다 좀 더 강한 우레탄 바니시로 마감합니다.

39

한정된 예산으로 만들다 보니 하드우드와 같은 고급수종은 애초에 계획에서부터 제외하였습니다만 긍정적으로 생각하면 비싼 나무가 아니니 좀 더 함부로 사용해도 된다는 나름 유지·관리의 용이성(?)이 있네요.

번외편 : 식탁 조명 설치

식탁 하단에 간접조명을 설치하고자 합니다. 조명을
설치할 자리에 브래킷을 장착하고

LED등을 딸깍 소리가 나게 끼워 마무리.

싱크대와 식탁이 가깝게 붙어 있을 정도로 좁은 주방이지만 뒤돌아보기만 하면 가족의 모습을 시선 안에 둘 수도 있으니 그
것 또한 장점인 저희 집 주방의 모습입니다.

식탁 펜던트 등 쉽게 이동하기

저희 집 구조와 크기는 식탁 놓을 위치가 애매해 지
난 9년 최적의 장소를 찾아 여러 차례 식탁을 옮겼
습니다. 문제는 식탁 위에 있어야 할 팬던트 등의
위치입니다. 식탁을 따라 천장에 타공을 하다 보면
천장에 무수한 구멍이 남게 되겠지요. 이럴 땐 벽지
에 꽂아 쓰는 핀이 대안이 될 수 있습니다. 원래는
액자나 가벼운 소품을 걸어놓는 용도지만 정해진
대로만 사용하란 법은 없으니까요.

01 꼭꼬핀이라 불리는 벽지에 꽂아 쓰는 핀입니다. 제조
사에선 2kg까지 감당할 수 있다고는 하지만 무조건 그
무게를 감당할 수 있는 것은 아닙니다. 벽지가 실크벽지
인지 합지벽지인지에 따라 오차가 생길 수 있기에 펜던
트의 무게 먼저 확인하시기 바랍니다. 02 식탁 위쪽 벽
지에 핀을 꽂습니다. 03 전선 고정용 클립과 케이블 타
이를 사용하여 04 펜던트 등의 전선을 핀과 결속합니다.
05 남는 전선을 벽에 고정하고 점등한 사진입니다. 식탁
을 또 옮긴다면 핀만 뽑아 옮기면 됩니다.

실리콘 깔끔하게 쏘는 법

주방 타일을 덮게 된 이유는 색이 마음에 안 들어서이기도 하지만 실리콘이 변색되고 덕지덕지 발려 있어서 였습니다. 실리콘을 그냥 쏘면 깔끔하게 바르기 힘들지만 약간의 팁만 안다면 누구나 깔끔하게 바를 수 있 습니다.

01 예전 시공된 것을 반면교사 삼아 높은 완성도를 위해 실리콘을 바르기 전 주변에 마스킹 테이프를 붙이고 **02** 실리 콘을 도포합니다. **03** 실리콘 헤라라고 불리는 고무주걱을 사용하여 **04** 약간의 힘을 주어 틈새에 밀어 넣는다는 느낌으로 정리합니다. **05** 전부 바른 모습입니다. **06** 실리콘이 완전히 마르기 전에 마스킹 테이프를 조심스레 제거하면 **07** 사진과 같이 반듯하게 마감할 수 있습니다. **08** 이 정도면 훌륭하네요.

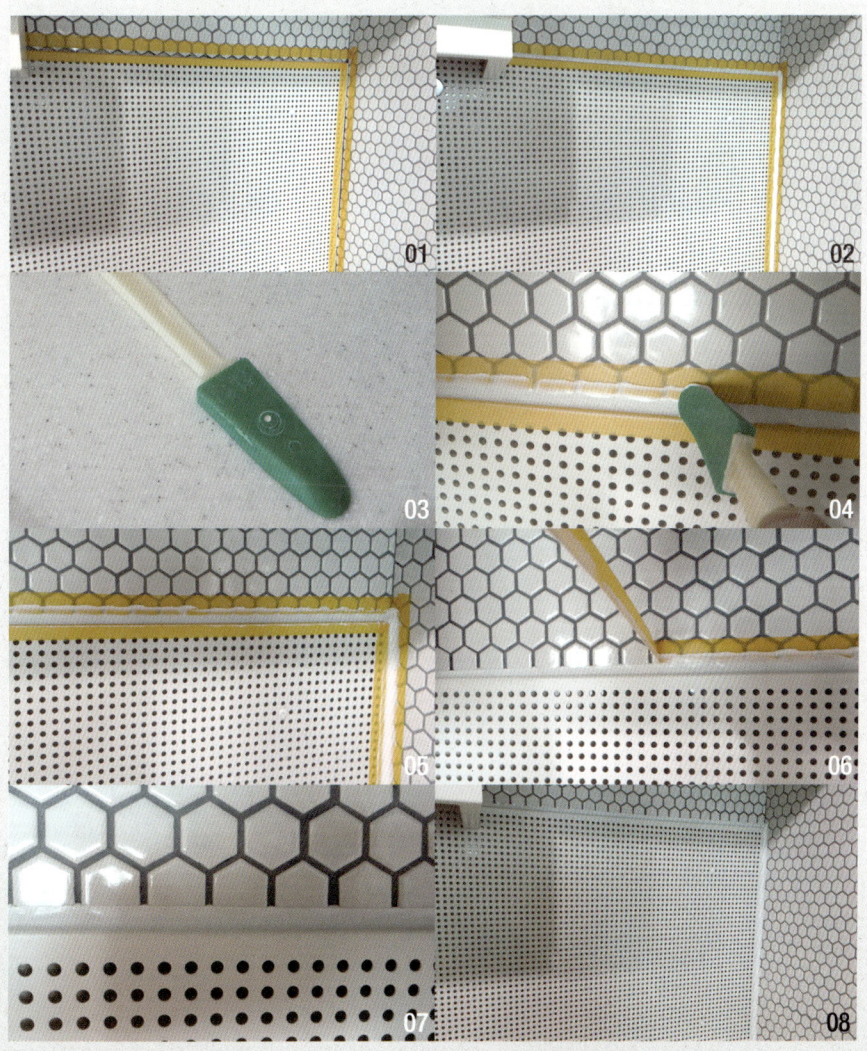

Bathroom

욕실은 정말 필요에 의해 고쳐나가기 시작했습니다. 예컨대 아파트 설계 시부터 환풍기가 아예 없이 옥상에 있는 에어 덕트로만 환기가 되는 구조였는데, 아랫집 담배 연기 때문에 없던 환풍기를 달아야만 했습니다. 못 봐줄 정도는 아니라고 생각했던 세면대에서 물이 새기 시작해 고쳐야 했습니다. 긴 시간 보내는 곳이 아니다 보니 다른 공간에 비해 불편해야 진짜 손을 대게 되더군요. 욕실 역시 다른 공간과 마찬가지로 되도록 큰 공사를 만들지 않는 선에서, 출퇴근에 지장이 없는 선에서 최대한 변화를 꾀했습니다.

환풍기
설치하기

국토교통부 주거 실태 조사에 따르면 국민 절반가량(49.5%)이 아파트에 거주한다 합니다. 그만큼 이웃 간 분쟁도 많아지고 유형도 다양해지고 있습니다. 층간소음 분쟁이 대표적이지요. 층간소음만 보자면 윗집이 아랫집에 폐 끼칠 일이 많을 수밖에 없지만 그 외의 문제에서는 얼마든지 상황이 뒤바뀔 수 있습니다. 예컨대 담배 냄새입니다.

화장실 애연가가 아랫집에 살던 적이 있습니다. 직접 부딪혀 봐야 감정의 골만 깊어질 것 같아 문 앞에 메모를 붙이고 관리사무소에 방송을 요청하는 등 여러 방법으로 문제를 해결고자 했지만 그분의 마인드는 '내 집에서 내가 피우겠다는데 왜 이래라 저래라야'였나 봅니다. 한 달여 담배 냄새를 버티던 끝에 가족 건강을 위해 욕실에 환풍기를 달기로 했습니다.

사용 재료	환풍기, 전선, 전선 몰딩, 콘센트, 니퍼, 드릴, 절연테이프
재료비	환풍기 : 13,900원 전선 : 1,000원 전선 몰딩 : 800원 노출형 콘센트 1구 : 1,000원
	Total : 16,700원
소요 시간	1시간
난이도	★ ★ ★ ☆ ☆

Step1_ 구조 알아보기

01

환풍구의 구조를 파악하기 위해 옥상에 가보았습니다. 거대한 무동력 벤틸레이터가 보입니다.

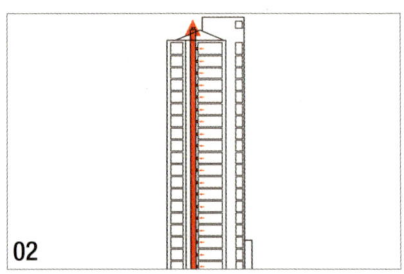

02

하나의 중앙 에어 덕트로 여러 집의 배기가 이뤄지는 시스템입니다. 공용 굴뚝인 셈이지요. 오래된 아파트의 일반적인 환기 설비입니다.

03

저희 집 환풍구 모습입니다. 안쪽 구조를 보고자 환풍구 커버와 욕실 천장의 몰딩 일부를 제거했습니다.

04

내부에는 아무것도 없습니다. 아래 연기가 이 통로로 올라옵니다. 환풍기를 달아 평상시엔 막아두고 필요할 때만 강제 배기를 할 예정입니다.

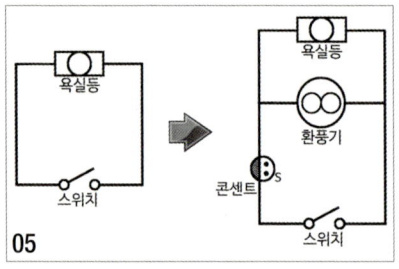

05

간단하게나마 도면을 그립니다. 전선을 연장하는 김에 비데나 드라이기, 면도기를 사용할 수 있도록 콘센트도 하나 추가할 생각입니다.

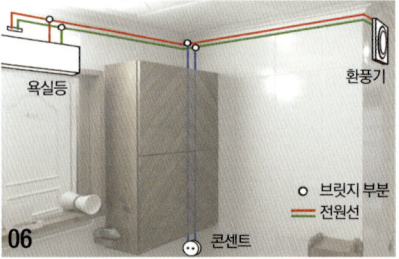

06

사진을 찍어놓고 대략적인 위치를 생각해봅니다.

Step 2_ 환풍기 설치

07

배기구에 덮개가 있어 평소에는 닫혀 있고, 전원을 켜면 빨아들이는 바람의 힘으로 덮개가 열리는 모델을 구입했습니다.

08

환풍기를 구멍에 넣어 설치하고

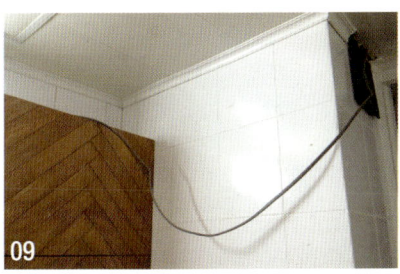

09

전선을 욕실 조명까지 연결합니다.

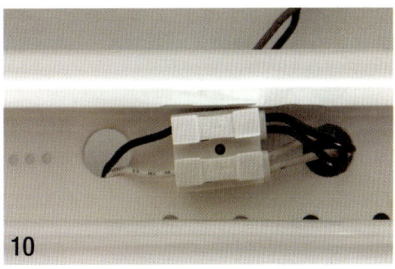

10

욕실 조명 내 안 전원 연결 단자에 빈 곳이 있어 한 가닥씩 연결해주었습니다.

Step 3_ 콘센트 추가 설치

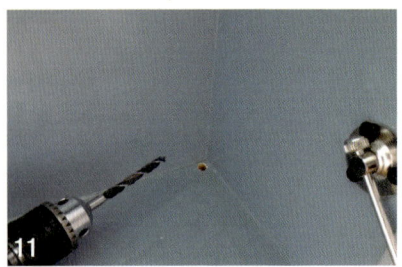

11

욕실장 모서리에 구멍을 뚫고

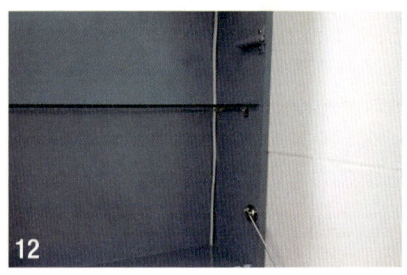

12

전선을 통과시킨 뒤

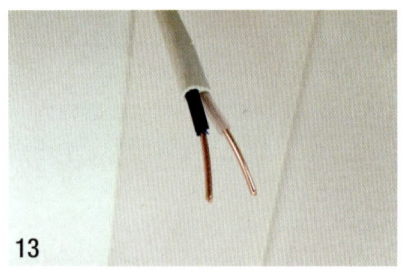

13

아랫부분 전선의 피복을 벗깁니다.

14

콘센트의 잠금장치를 드라이버로 꾹 누른 뒤

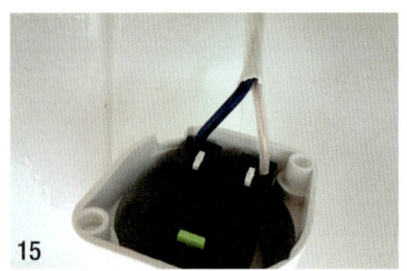

15

전원선을 끼워 연결합니다.

16

콘센트는 눈에 띄지 않도록 욕실장 하부에 나사로 고정했습니다.

Step 4_ 최종 연결

17

환풍기의 전원선이 끊어지지 않도록 조심스레 중앙의
피복을 벗긴 뒤

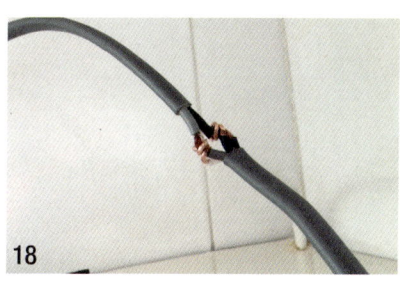

18

욕실장으로 뺀 전선 윗부분과 한 가닥씩 연결합니다.

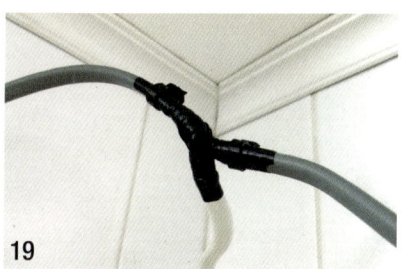

19

합선이 일어나지 않도록 절연테이프와 케이블 타이로
꼼꼼히 묶어두고

20

전선 몰딩을 붙여 선 정리를 합니다.

21

몰딩 커버를 덮어주면 선 정리는 마무리.

22

환풍기 뚜껑을 덮음으로써 작업이 완료됐습니다. 지금
은 이사를 가셨지만 애연가 이웃 덕에 습한 욕실이 쾌
적해졌으니 이 또한 감사한 마음입니다.

세상 하나뿐인 세면대

욕실에서 가장 큰 비중을 차지하는 부분이긴 하지만 굳이 교체할 생각은 없었습니다. 배수관, 수전, 트랩 같은 부속물까지 같이 교체해야 하기에 비용이 만만치 않게 들뿐더러, 외관상으로는 멀쩡했거든요. 하지만 언제부턴가 물이 새어 손만 씻어도 발까지 적시는 일이 허다해 개선이 필요해졌습니다. 처음엔 인테리어 업체에 가격 문의를 했으나 이상과 현실의 합의점을 찾지 못해 결국 직접 만들기로 했습니다. 기왕 하는 것 조금 다른 세면대를 만들 생각도 들었고요.

대부분 카운터 세면대가 그렇듯 벽에 수두룩한 타공 자국이 남기에 그 부분을 가리려면 기존 모양을 따를 수밖에 없습니다. 창의적 요소가 제한되지만 큰 고민이 필요 없다는 장점도 있지요. 비용을 줄이기 위해 목재와 세면볼의 하중만 생각하여 최대한 간결하게 디자인했습니다.

사용 재료	편백나무, 수전, 세면볼, 팝업(배수관), 목공본드, 요트 바니시, 실리콘, 톱, 몽키스패너, 드릴, 목심, 앙카볼트
재료비	편백나무 24T : 41,070원 요트 바니시 : 재사용 실리콘 : 2,000원 수전 : 49,900원 세면볼 : 63,000원 팝업 : 8,000원 앙카볼트 : 1,000원 x 4개
	Total : 167,970원
소요 시간	작업 시간 : 3시간 바니시 건조 시간 : 7일
난이도	★★★★★

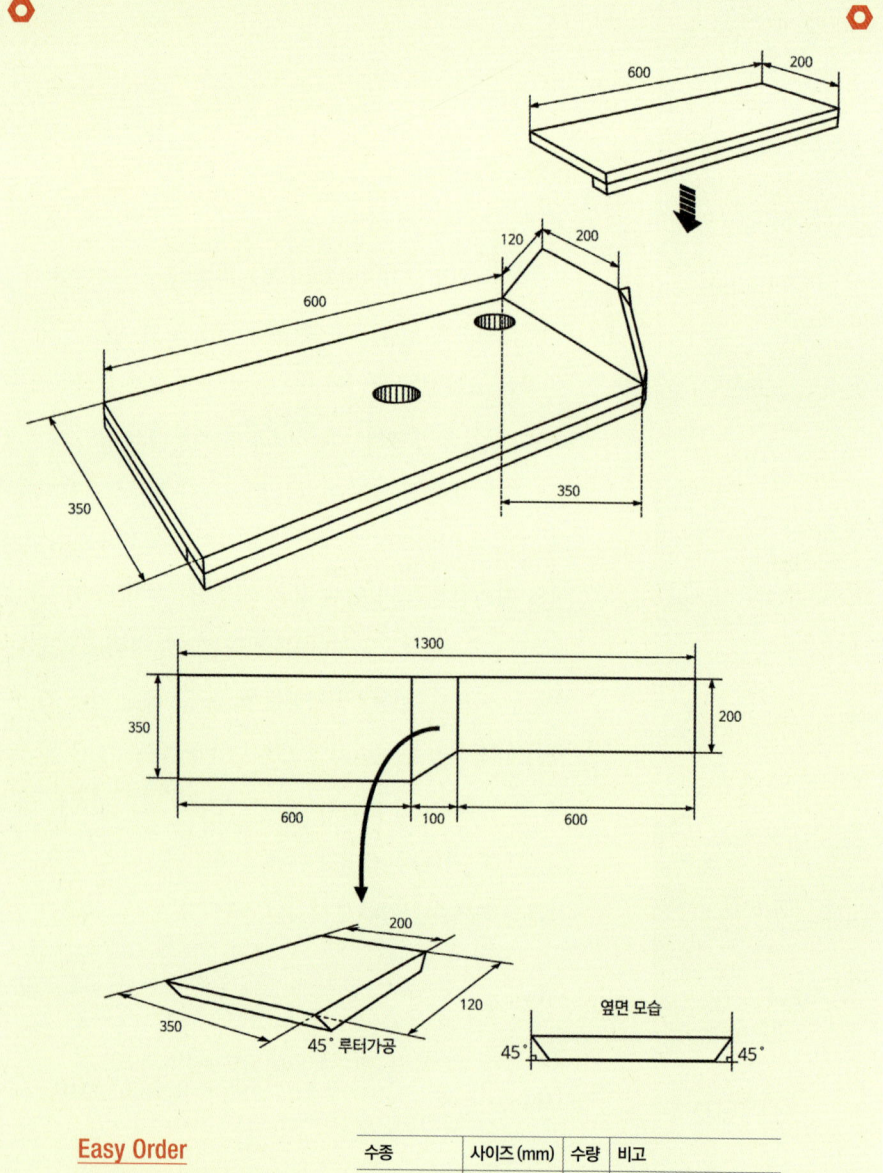

Easy Order
세면대 재단 요청서

※ 다른 두께의 목재를 사용하시거나
일부 사이즈를 조정해 제작하실 경우
목재 사이즈가 완전히 달라지니
주의하세요.

수종	사이즈 (mm)	수량	비고
편백나무 24T	350×600	1	세면대
	200×600	1	세면대 옆 선반
	350×120	1	긴 면은 45° 루터 가공
	30×600	2	보강목
	30×320	1	보강목

Step 1_ 목재 손질하기

01

재료가 도착하면 요청한 대로 잘 재단되어왔는지 점검
하고 사포로 샌딩해 매끈하게 다듬습니다.

02

세면대와 선반은 보강목을 덧대 강도를 높일 겁니다.
욕실에서 사용할 물건이므로 목심으로만 조립합니다.
드릴로 구멍을 뚫고

03

목공본드를 바른 목심을 넣은 뒤

04

반대쪽 목재에도 구멍을 뚫어 본드를 바른 뒤 접합합
니다.

05

접합한 목재에 실틈이 생겼다면 순간접착제를 살짝 바
르고 완전히 굳기 전에 사포질을 하여 틈을 메꿔줍니다.

06

스테인을 칠한 뒤 방수를 위해 요트 바니시를 바릅니
다. 원액 그대로 칠하면 뻑뻑하고 건조 시간도 오래 걸
려, 요트 바니시에 미네랄 스피릿을 6:4로 희석했습니
다. 일주일간 반복하면 물을 떨어뜨려도 흡수되지 않
고 맺힙니다.

Step 2_ 철거 및 설치

07

일주일동안 기다리긴 심심하니 퇴근 후 틈나는 대로 타일 줄눈을 보수했습니다.

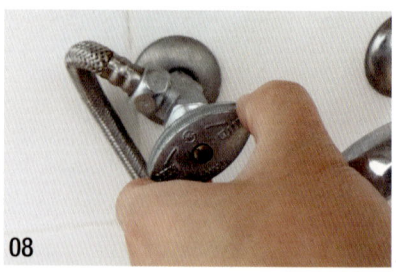

08

작업 전에 세면대 하단 벽의 수도 밸브를 돌려 수도를 잠급니다.

09

기존 세면대를 철거하기 전에 세면대에 연결된 수도조절대(화살표)와 S트랩을 몽키스패너를 이용해 해체합니다.

10

세면대부터 선반까지 일체형으로 되어 있는 기존의 카운터 세면대를 철거합니다. 실리콘을 제거하고

11

받침대와 세면대를 고정하는 나사를 풀어 들어내 세면대 설치 준비를 마칩니다.

12

세면대는 물이 담겨 있을 때 하중까지 생각해야 하므로 앙카볼트를 이용해 달아줍니다. 건물 외벽에 간판을 체결할 때 쓰일 만큼 결속력이 강합니다.

세면대 선반을 얹고 나사로 결속한 뒤 테두리에 실리
콘을 바릅니다.

세면볼과 수전을 설치하고 해체와 역순으로 수도를 연
결한 뒤 배수를 확인합니다.

변기 위 선반은 없어도 되지만 벽에 난 기존 브래킷 구
멍을 가리기 위해 선반을 얹을 겁니다.

추후 양변기에 문제가 생겼을 때나 청소를 고려해 고
정하지 않고 얹어놓는 방식을 택했습니다.

간단한 책 몇 권 정도 올려놓을 수 있는 너비입니다.

before

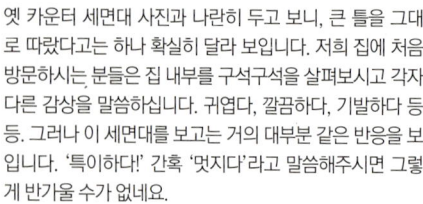

옛 카운터 세면대 사진과 나란히 두고 보니, 큰 틀을 그대
로 따랐다고는 하나 확실히 달라 보입니다. 저희 집에 처음
방문하시는 분들은 집 내부를 구석구석을 살펴보시고 각자
다른 감상을 말씀하십니다. 귀엽다, 깔끔하다, 기발하다 등
등. 그러나 이 세면대를 보고는 거의 대부분 같은 반응을 보
입니다. '특이하다!' 간혹 '멋지다'라고 말씀해주시면 그렇
게 반가울 수가 없네요.

206

after

비누받침용 선반 만들기

세면대를 만들고 실제로 사용하다 보니 불편한 점이 생겼습니다. 세면대 선반 안으로 세면볼이 들어가 있는 카운터 세면대를 사용하던 때는 예상치 못한 불편함이었는데, 비누받침을 둘 곳이 마땅치 않다는 점이었습니다. 고체 비누를 사용하다 보면 아무래도 비눗물이 주변으로 떨어지게 되는데 나무로 된 세면대 위가 금세 미끄러워졌고, 욕실 바닥으로도 흘러 과히 편치는 않았습니다. 비눗물이 세면대로 떨어질 수 있도록 세면볼 위쪽으로 작은 선반을 달아 비누 자리를 만들어주었습니다. 모양보다는 기능에 충실했으나 세면대를 만들고 남은 목재로 만든 거라 꽤 만족스럽습니다. 딸아이가 좋아하는 책인 《아낌없이 주는 나무》가 생각나는군요.

사용 재료	편백나무, 요트 바니시, 실리콘, 톱, 홀쏘, 드릴, ㄱ자 브래킷
재료비	**편백나무 24T** : 자투리 목재 사용 **요트 바니시** : 재사용 **실리콘** : 재사용　**ㄱ자 브래킷** : 400원
	Total : 400원
소요 시간	40분
난이도	★ ☆ ☆ ☆ ☆

01 비누받침을 세면대 옆에 놓고 사용하니 주변으로 비눗물이 흐르는 등 불편함이 있었습니다.

02 비눗물이 세면볼로 바로 떨어지도록 수전 쪽에 선반을 설치하고자 스케치를 합니다.

03 세면대를 작업하고 남은 자투리 목재를 사용하였습니다.

04 목재용 홀쏘로 구멍을 뚫은 다음

05 많이 튀어나와봤자 보기 좋지 않기에 비누받침이 올라갈 너비만 남긴 채 톱으로 잘라냅니다.

06 구멍 뚫린 부분과 모서리는 사포로 잘 정돈합니다.

세면대 만들 때처럼 스테인을 바른 뒤 요트 바니시를
여러 차례 칠합니다.

바니시가 충분히 마른 뒤 수전 끝부분부터 뒤집어 넣
습니다.

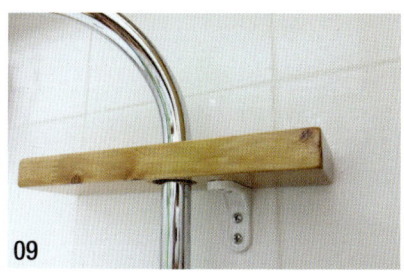

무거운 것을 올려놓을 선반은 아니기에 브래킷은 한쪽
만 고정하고

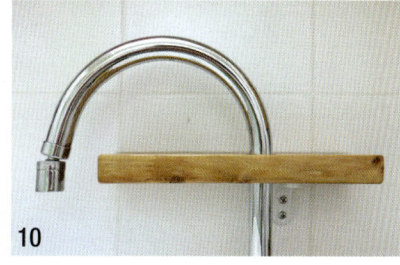

테두리에 실리콘을 둘러 마무리합니다. 예상은 했지만
상당히 아방가르드하군요.

디자인의 호오를 떠나 실용성과 개성 측면에서 한몫하
고 있으니 이 정도면 충분히 성공한 듯합니다.

욕실장
수리

신혼 초, 아내가 따뜻한 느낌의 욕실을 만들겠다고 오래된 거울과 수건걸이, 휴지걸이를 원목으로 교체했습니다. 그러나 욕실장은 겉으로 보기에 썩 나쁘지 않은 데다 새로 구입하려 알아보니 생각보다 비싸 '그냥 쓰지 뭐' 하고 쓴 게 장장 9년이 됐네요. 집을 꾸미기로 마음먹은 다음 욕실을 보니 혼자 차가운 느낌의 스테인리스 소재로 된 욕실장이 눈에 거슬렸습니다. 경첩이 녹슬 만큼 낡기도 하여, 따뜻한 느낌의 욕실을 만들어줄 마지막 퍼즐을 맞춰주기로 합니다.

아직 튼튼한 욕실장 틀은 그대로 두고 문만 제작했습니다. 욕실처럼 특히 습기가 많은 곳에서는 뒤틀림을 반드시 염두에 두어야 합니다. 목재를 다른 결 방향으로 덧대고 방수 마감을 확실히 하는 것이 추후 뒤틀림이나 갈라짐을 예방하는 핵심입니다. 헤링본 패턴을 응용했습니다.

사용 재료	미송합판, 원터치 도어 캐치, 수대, 경첩, 목공본드, 요트 바니시, 핸디코트, 젯소, 페인트, 드릴, 톱	
재료비	미송합판 4.8T : 18,750원 원터치 도어 캐치 : 1,000원 x 2개 수대 : 3,000원 x 2개 경첩 : 1,000원 x 4개	
	Total : 30,750원	
소요 시간	작업 시간 : 4시간 바니시 건조 시간 : 7일	
난이도	★★★☆☆	

뒤틀림을 예방하기 위해 가로목을 덧댄 가장 일반적인 문 모양입니다.

삼나무 18T 목재로 재단 서비스와 배송비까지 더하니 39,400원 정도 듭니다.

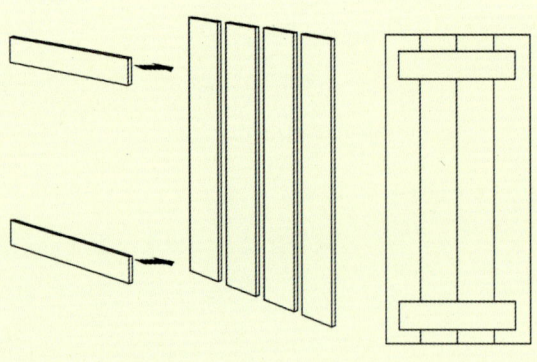

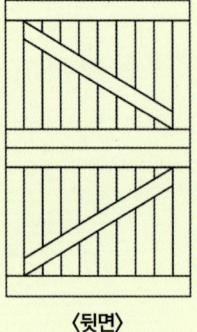

〈앞면〉　　　　〈뒷면〉

가격이 저렴한 미송합판 4.8T 기준으로 헤링본 패턴으로 구상하고 재단 서비스를 생략하니 가격이 18,750원밖에 안 듭니다. 1/2도 안 되네요.

Easy Order
욕실장 문 재단 요청서

수납함

수종	사이즈 (mm)	수량	비고
미송합판 4.8T	800×50	10	
	510×50	4	
	640×50	14	주문 후 재단 필요
	600×50	4	

※ 다른 두께의 목재를 사용하시거나 일부 사이즈를 조정해 제작하실 경우 목재 사이즈가 완전히 달라지니 주의하세요.

Step 1_ 문 만들기

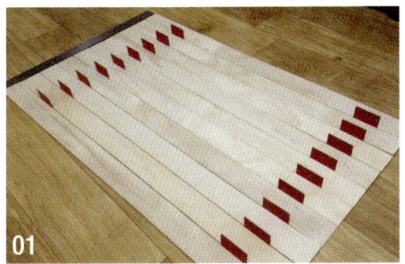

뒷면 만들기입니다. 뼈대 작업을 위해 간격을 맞춰 목재를 나열합니다. 간격을 동일하게 하기 위해 목재 사이에 화투를 꽂았습니다.

휨 방지와 두께감을 위해 목공본드를 사용해 뒷면 테두리와 사선으로 목재를 덧대줍니다.

앞면은 사선으로 한 장씩 엇갈리게 붙여나갑니다.

목공본드가 마를 때까지 딸아이의 책을 차곡차곡 쌓아두어 본드의 접착력을 높여줌과 동시에 목재의 뒤틀림을 방지합니다.

이틀 정도 말린 뒤 전체적으로 사포질을 합니다. 특히 면과 모서리를 부드럽게 다듬어줍니다.

사포질 후 스테인을 칠해 색을 입혔습니다.

Step 2_ 욕실장 틀 재정비하기

07

스테인이 마를 동안 욕실장 문을 뜯어냅니다. 경첩이 낡아서 녹 부스러기가 떨어지고 있네요.

08

세제로 녹을 닦아낸 다음 핸디코트로 경첩 구멍을 메꾸고 1차로 젯소를 칠합니다.

09

현관문과 안방문을 칠하고 남은 페인트로 내부를 알뜰하게 칠해줬습니다.

Step 3_ 문 달기

10

욕실장이 변기 위에 달려 있어 수건을 꺼내다 물건들을 간혹 빠뜨리곤 합니다. 그래서 문짝을 상하로 나누어 밑부분은 위아래로 여닫을 수 있게 만들 예정입니다.

11

톱으로 문을 반으로 나누고 바니시를 네다섯 차례 칠합니다.

12

손잡이 대신 원터치 도어 캐치(빠찌링)를 달아주었습니다.

13 반대쪽 철물과 맞붙어 한 번 누르면 닫히고, 또 한 번 누르면 튀어나오며 열립니다.

14 Z경첩을 이용해 아래쪽 문은 위아래로 열리도록 하고

15 밑으로 활짝 열어젖혀지지 않도록 수대를 달았습니다.

16 이 정도면 수건 꺼내다가 변기 속에 무언가를 빠트릴 염려는 없겠군요. 문 양쪽에 수대를 달았습니다.

17 위쪽 문은 평범하게 옆으로 열리도록 무보링 경첩으로 고정하였고 원터치 도어 캐치로 여닫도록 했습니다.

18 활짝 열리는 장면은 방송도 탔네요. 영상이 있어 캡쳐 해봤습니다.

욕실 발판
제작

욕실에 들어와 좌변기까지 걸어가는 시간 단 3초. 그 3초를 위해 슬
리퍼를 신는 게 귀찮아 욕실 발판을 만들었습니다. 사실 슬리퍼 신
기 귀찮아서라는 1차원적인 이유뿐 아니라 욕실 문을 여닫을 때 슬
리퍼가 걸리는 것이 불편했던 차였습니다. 목재는 물에 강해 사우나
데크재로 많이 사용하는 적삼목(Red cedar, 레드 시더)을 이용했습니
다. 만들고 나니 딸아이가 씻고 나올 때 미끄러지지 않을까 하는 걱
정도 해결되고, 예쁘지 않은 타일색도 조금은 가리는 효과도 있어서
더운 여름날, 만드느라 흘렸던 땀을 보상받기 충분하군요.

사용 재료	적삼목, 스텐피스, 목공본드, 고무받침, 드릴, 보링 비트, 쥐꼬리톱, 왁스
재료비	적삼목 18T : 59,000원 스텐피스 : 2,000원 고무받침 : 2,000원
	Total : 63,000원
소요 시간	3시간
난이도	★ ★ ☆ ☆ ☆

Step 1_ 작은 발판 만들기

01

작업 전 사진입니다. 변기 부분까지 깔 계획이라, 문 바로 앞에는 짧은 판, 변기 앞쪽으로는 긴 판으로 나눠 만들 겁니다.

02

나무들을 임시로 올려 간격을 맞추고 연필로 붙일 자리를 표시해준 뒤 본드를 적당량 바르고

03

직각자를 대신하여 자투리 나무를 대고 수직으로 나무를 붙여나갑니다.

04

클램프를 사용하여 본드가 흘러나올 정도로 꾹 눌러놓으면 좋지만

05

없으신 분들은 책 같은 무거운 걸로 본드가 마를 때까지 눌러놓으시면 됩니다.

06

단단히 결합되도록 바닥 부분에 나사를 박습니다. 나사가 들어가며 나무가 쪼개지지 않도록 드릴로 미리 구멍을 내고

07

스테인리스 나사를 박아 단단히 고정합니다.

08

습기에 강한 목재라고는 하지만 늘 물에 젖어 있어서 좋을 건 없겠지요. 밑면에 고무 발판을 달아 바닥에서 띄웁니다.

09

고무 발판을 달고 나니 문에 걸리는 경우에는

10

보링 비트를 사용하여 문과 간섭이 없을 정도까지 홈을 파고

11

그 안에 고무 발판을 넣어 높이를 낮추시면 됩니다.

12

작은 발판이 완성되었습니다.

Step 2_ 큰 발판 만들기

좌변기 앞까지 걸어올 수 있도록 작은 발판과 동일한
방법으로 한 판을 더 만듭니다. 두 조각으로 나눈 이유
는 물청소할 때 쉽게 들어내기 위해서입니다.

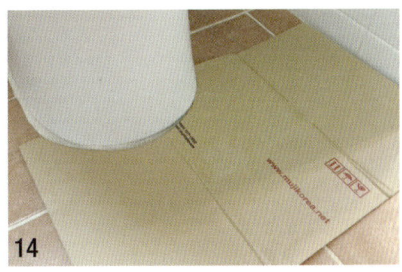

변기와 맞닿는 부분을 파기 위해 종이로 본을 떠

발판 위에 대고 연필로 그린 다음

표시된 선을 따라 쥐꼬리톱으로 잘라냅니다.

사포질로 표면을 전체적으로 부드럽게 만든 다음

오일과 왁스를 차례로 발라주었습니다.

발끝에 닿는 부드러운 촉감과 적삼목 특유의 묵직한 색감, 사우나에 퍼지는 은은한 향까지, 마트에서 파는 발판과는 확실히 다른 느낌입니다.

반제품으로 나무와 천천히 친해지기

덜컥 나무를 주문하는 것이 겁이 나거나 조심스럽다면 반제품을 구입해 조립해보는 것도 좋은 방법입니다. 반제품을 이용하면 도면을 섬세하게 그린다거나 사포질처럼 번거로운 밑작업을 할 필요가 없고, 부품들도 동봉되어 오기 때문에 이것저것 구입할 필요가 없지요. 저의 첫 나무 작업 역시 반제품 수건걸이와 휴지걸이였습니다. 지금도 욕실에서 분위기 메이커를 톡톡히 하고 있지요.

Entrance

현관은 집 안의 다른 장소들에 비해 재미있는 요소를 마음껏 실험해본 공간입니다. 저희 집에 처음 들어오는 분들은 현관문을 열면 독특한 문의 무늬와 이국적인 바닥 타일을 만나게 됩니다. 그 다음 제가 그린 아내 그림과 실용적이면서도 디자인적 요소가 돋보이는 스토리지 보드로 눈길이 이어집니다. 정적이라고 말할 수는 없지만 첫인상이 강렬한 집이라고 말하기는 충분하네요. 대부분의 요소들이 원상복구를 염두에 두고 만든 거라 질린 이후 대처에 염려가 없어 더 마음에 듭니다.

현관문
페인팅

문 역시 하나의 벽입니다. 이 공간과 저 공간을 소음과 시선으로부터 분리시켜주는 역할을 합니다. 그중 현관문의 경우는 조금 더 특별합니다. 외부 공간과 가족의 공간을 구분 짓는 벽이기도 하거니와 집에 들어설 때 가장 먼저 보이는 첫인상이기도 하니까요. 현관문 바깥이야 아파트 규정상 거주자가 임의로 바꾸기 쉽지 않지만, 집 안쪽은 관리사무소가 정한 칙칙한 회색을 충분히 벗어날 수 있습니다.

평소 아내가 좋아하는 톤 다운된 푸른 계열 페인트로 현관문을 곱게 단장한 뒤 패턴을 추가해 유니크함을 더했습니다. 패턴이 과해 쉽게 질릴 것 같다고요? 시트지로 작업한 거라 질리거나 이 집을 나갈 때는 흰색 시트지만 벗겨내면 원상복구가 됩니다. 그러니 이래도 되나 싶은 생각은 접어두시고 과감해지셔도 좋을 것 같습니다.

사용 재료	페인트, 마스킹 테이프, 젯소, 롤러, 붓, 트레이, 퍼티, 시트지	
재료비	페인트 : 33,000원 **시트지** : 2,000원	
	Total : 35,000원	
소요 시간	건조 시간 포함 2시간 30분	
난이도	★ ☆ ☆ ☆ ☆	

01 20여 년 동안 색 바랜 현관문입니다. 방충문을 달며 떼낸 도어 클로저 자국과 문풍지의 흔적으로 보기 흉한 상태입니다.

02 근래 나오는 페인트들은 밀착력이 좋아 젯소를 칠할 필요가 없다지만 한겨울에는 습기도 차곤 하니 젯소를 칠합니다.

03 젯소가 마르면 사포질로 표면을 곱게 만듭니다. 자투리 나무를 이용하면 편합니다.

04 본격적으로 페인트칠하기 전에 나무 젓가락 등을 이용해 충분히 잘 저어줍니다.

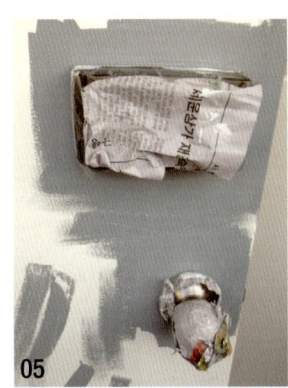

05 손잡이와 도어락은 마스킹 테이프, 신문지와 테이프를 이용해 감싼 뒤 롤러가 닿지 않는 부분부터 붓으로 칠합니다.

06 롤러를 이용해 나머지 부분을 1차로 페인트칠한 상태입니다.

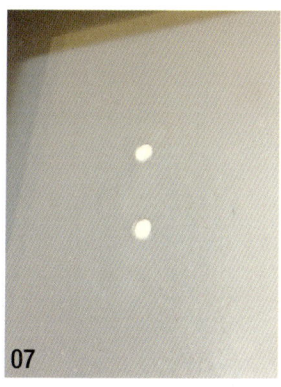

07

2차로 바르기 전, 도어 클로저가 부착됐던 구멍을 퍼티로 메우고

08

다시 한 번 칠해 페인트 본연의 색이 나오도록 합니다.

09

A3 용지로 만든 도안을 시트지에 대고 자릅니다. 스텐실로 꾸미면 번질 때 다시 또 페인트를 칠해야 하므로 시트지를 택했습니다.

10

간격을 맞춰 붙여나갑니다. 시트지 전용 프라이머를 바른 뒤 붙이면 더욱 견고하겠지만 언젠간 떼어낼 생각에 생략했습니다.

11

최종 사진입니다. 신문 투입구는 굴곡 때문에 어쩔 수 없이 포기했으나 전체적으로 완성도 높게 잘 나와준 듯하네요.

12

한겨울에 작업을 시작한 터라 집안을 냉장고로 만들었습니다. 날씨가 좋을 때 작업하시기 바랍니다.

현관 타일
덮기

90년대 우리나라의 인테리어 업계에 무슨 일이 있었는지 당시 시공된 집을 보면 유독 체리색이 눈에 띕니다. 저희 집 역시 몰딩과 신발장, 싱크대, 거실등까지 체리색으로 통일되어 있었습니다. 벽면을 필두로 몰딩, 신발장, 싱크대, 거실등은 하얗게 덮었으나 현관 타일만큼은 페인트로 해결할 수 없었습니다. 하루에도 수차례 들락거리는 데다가 비 오는 날 젖은 우산과 신발의 물기를 페인트가 감당하긴 어려우니까요. 결국 타일을 재시공해야 하는데 기존의 타일을 걷어내자니 소음이 걱정되어 타일을 덧시공하기로 했습니다.

타일은 한 장의 타일 자체가 완전한 무늬일 수도 있고, 여러 장이 하나의 큰 그림을 완성하기도 합니다. 같은 타일도 어떻게 돌려 연출하느냐에 따라 느낌이 달라질 수도 있고요. 저는 집의 첫인상인 현관이 경쾌해 보이고 강렬한 인상을 주었으면 해서 기하학적인 무늬를 선택했습니다. 집 바탕을 하얗고 단순하게 만들었기에 가능한 선택이었지요.

사용 재료	타일, 줄눈제, 드라이픽스, 멀티서페이스, 그라인더, 뿔헤라, 스펀지
재료비	타일 : 12상 55,000원 x 3set 줄눈제 : 1,500원 드라이픽스 : 18,000원 멀티서페이스 : 14,300원
	Total : 198,800원
소요 시간	작업시간 : 3시간 건조시간 : 1일 5시간
난이도	★ ★ ★ ★ ☆

Step 1_ 타일 붙이기

01

기존 체리색 현관 타일입니다. 작업이 끝난 뒤에야 작업 전 사진이 없다는 걸 알았는데 다행히 방송 다시 보기에 조금이나마 보여 캡쳐합니다.

02

타일 간격과 절단할 타일 크기 확인을 위해 접착제 없이 나열해봅니다. 이때 패턴과 방향도 미리 정해놓으면 붙일 때 고민하는 시간을 줄일 수 있습니다.

03

얇은 타일이라면 타일 커팅기로도 자를 수 있지만 제가 고른 타일은 두꺼워 핸드 그라인더를 사용해 잘랐습니다.

04

일반적으로 시멘트 위에 타일을 붙일 때는 압착 시멘트를 사용하는데 저는 매끄러운 타일 위에 덧시공하기 때문에 접착력이 더 강한 드라이픽스를 사용했습니다.

05

가루에 동봉되어 있는 액상을 붓고 고무장갑을 낀 손으로 뭉친 곳 없이 잘 반죽한 뒤

06

뿔 헤라로 바닥에 드라이픽스를 골고루 바른 다음 타일을 얹고 들뜨지 않도록 고무망치로 두드리며 붙입니다. 가루에 액상을 섞으면 10분 정도 후부터 경화가 시작되므로 빨리 작업하거나 조금씩 섞어가며 작업하셔야 합니다.

Step 2_ 줄눈 넣기

접착제가 굳을 때까지 1일간 최대한 밟지 않고 다니다가 줄눈을 넣기 전 이염을 방지하기 위해 코팅제인 멀티 서페이스를 2~3회 발라줍니다.

타일이 석회 재질이라 코팅을 하는 것이지 일반적인 자기 재질 타일의 경우에는 불필요한 과정입니다.

2시간 가량 지나 코팅제가 마르면 줄눈제에 물을 붓고 치약 농도로 반죽한 뒤

타일 틈새에 잘 비벼서 넣고

30분 뒤 스펀지에 물을 묻혀 부지런히 닦아냅니다.

너무 빠르면 줄눈이 다 닦여나가고 너무 늦으면 지우기 힘드니 여름철 기준 30분이 적당합니다.

Step 3_ 마무리 작업

13

1시간 가량 줄눈을 말리고 다시 코팅제를 바릅니다. 처음에는 흰 빛을 띠지만

14

시간이 지날수록 점차 투명해지고

15

다 마르고 나면 은은한 광이 올라옵니다.

16

검은 줄눈을 넣느라 지저분해진 벽면은 페인트로 정리합니다.

무언가를 한 시간보다 마르기를 기다리는 시간이 긴 작업이었습니다. 이틀의 기다림 끝에 현관에서 체리색을 완전히 지웠습니다.

240

현관등
교체

모든 일이 그렇겠지만 셀프 인테리어란 것도 늘 계획대로만 되는 것은 아닙니다. 어느 정도 인테리어가 손에 익어 전기를 만지는 것이 능숙해졌을 무렵 현관등을 새로 구입해 교체하기로 마음먹고 기존 등을 시원하게 탈거했습니다. 전선 연결만 하면 될 것이라 생각했지만 기존 등에 비해 작은 등으로 교체하다 보니 도배를 하지 않은 부분이 겉으로 드러나는 문제가 발생했습니다. 며칠간 고민한 끝에 따로 도배를 하지 않고, 별다른 부품을 구입하지 않고도 꽤 그럴싸한 결과물을 만들어냈습니다.

사용 재료	등, 삼나무, 니퍼, 드라이버, 절연테이프, 케이블 타이
재료비	등 : 22,000원 **삼나무 12T** : 1,500원
	Total : 23,500원
소요 시간	30분
난이도	★ ☆ ☆ ☆ ☆

01

새로 교체한 등의 후렌치가 기존 현관등에 비해 작다
보니 도배가 안 되어 있는 부분과 뚫린 천장이 그대로
노출됩니다.

02

고민 끝에 목재를 덧대 가리기로 합니다. 두꺼비집을
내린 후 후렌치를 고정하는 너트를 돌려서 풀고

03

천장에 후렌치를 고정하는 나사까지 제거한 뒤 전원선
을 자릅니다.

04

그 다음, 동그랗게 가공 요청해 주문한 목재를 천장에
나사로 고정해 손상 부위를 가립니다.

05

현관등과 연결할 차례입니다. 거실등 설치 때와 마찬
가지로 천장의 굵은 단선에

06

전등의 얇은 연선을 단단히 감아 전원선을 결속합니
다.

07

단선 고리를 펜치로 꾹 눌러주어 풀림을 한 번 더 방지
합니다.

08

남는 전선은 니퍼로 잘라내 정리한 뒤

09

각각의 선이 닿거나 노출되지 않도록 절연 테이프를
꼼꼼하게 감고

10

테이프가 풀리지 않도록 케이블 타이로 묶어 합선을
예방합니다.

11

브래킷을 목재에 나사로 고정하고

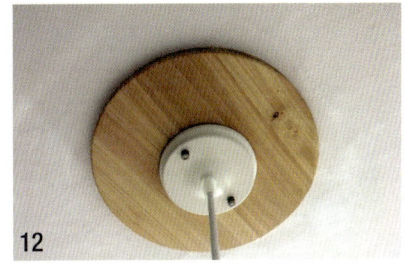

12

후렌치를 너트로 조여 마무리합니다.

두꺼비집
가리기

집에 손님들이 오실 때마다 현관에서 반갑게 맞아주는 빛 바랜 분전함을 가리기 위해 선반을 달기로 했습니다. 아내가 가족사진을 놓을 곳이 있었으면 좋겠다고 한마디 거든 것도 큰 작용을 했습니다.

저희 집은 벽 전체가 콘크리트이기에 선반을 설치하려면 해머드릴을 사용해야 합니다만 소음 탓에 최대한 사용을 자제하는 편이라 몰딩에 와이어를 이용해 액자를 거는 방법을 응용했습니다. 사실 안전성 면에서 그리 추천드리는 방법은 아닙니다. 저희 집처럼 원자력 발전이 가능할 만큼 온 벽이 콘크리트인 경우, 몰딩이 접착제로 고정이 되어 있기 때문에 한계하중을 넘기면 떨어질 가능성이 농후하거든요. 그래서 저는 선반임에도 두꺼비집을 가릴 작은 그림과 소품들만 올려놓고 있습니다. 현관문을 열면 결혼 전 직접 그려 선물한 아내의 초상화가 보입니다. 예술가는 못 되어도 예술적인 사람이 되고 싶었는데 살다 보니 그조차도 쉬운 일은 아니네요.

사용 재료	칠레파인, 새들, 면끈, 드라이버, 스테인, 붓, 바니시
재료비	칠레파인 solid 20T : 자투리 목재 사용 새들 : 300원 면끈 : 3,000원
	Total : 3,300원
소요 시간	30분
난이도	★ ☆ ☆ ☆ ☆

01

새 분전함으로 교체할까도 생각했는데 딱히 돋보일 필요 없는 것이 홀로 반짝이며 두꺼비집임을 알릴 것 같아 작은 선반을 달고 소품을 얹어 가리기로 합니다.

02

선반 목재에 분무기로 물을 한 번 뿌리고 스테인을 바릅니다. 원액 그대로 칠하다 보면 얼룩이 생길 수 있어 종종 사용하는 방법입니다.

03

스테인이 마르면 바니시를 바른 뒤 전선이나 배관 고정 시 사용하는 새들을 선반에 고정하고 와이어를 대용할 면 끈을 통과시킵니다.

04

천장 몰딩에도 같은 너비의 새들을 고정한 다음

05

수평과 높이를 조절해가며 면 끈을 아래로 묶어줍니다.

06

세련되진 않지만 나름 내추럴해 보이는군요.

퇴근이 늦은 날 아내는 현관에 작은 등을 켜두곤 합니다.

벽 뚫지 않고
단 보드판

무료한 퇴근길, SNS를 보다 마음에 드는 스토리지 보드를 발견했습니다. 찾아보니 그리 저렴한 물건은 아니네요. 하지만 동글동글한 모양에 다양한 크기의 컵, 그리고 뒷면이 개별 자석이라 아무 곳에나 컵을 붙일 수 있어 활용도가 높을 것 같았습니다. 그날 저녁, 아내에게 가치지향적 소비에 대해 장황하게 늘어놓고서야 간신히 장바구니에 탑승시킬 수 있었지요.

콘크리트 벽을 최대한 타공하지 않고 다는 방법을 궁리하던 중 어렸을 적 사촌 형 집 문틀 사이에 달려 있던 철봉이 떠올랐습니다. 사람이 매달려 턱걸이할 정도라면 스토리지 보드쯤은 문제 없겠지요. 저 역시 같은 방법으로 나무판을 문틀 사이에 고정하고 그 위에 보드판을 달았습니다.

사용 재료	스토리지 보드, 삼나무, ㄱ자 꺽쇠, 드라이버, 페인트, 붓, 바니시
재료비	**스토리지 보드**: 195,000원 **삼나무 15T**: 15,000원 **ㄱ자 꺽쇠**: 4개 800원
	Total : 210,800원
소요 시간	40분
난이도	★ ☆ ☆ ☆ ☆

01 문틀 사이에 판자를 부착, 스토리지 보드를 달 예정입니다. 나중에 이사할 땐 문틀의 나사 자리만 메우면 되니 원상복구 또한 쉽습니다.

02 해외 제품이라 구매 대행을 통해 구입한 스토리지 보드입니다. 원래는 실내 가드닝을 위한 화분 용도로 개발된 제품입니다.

03 목재 중에서도 가벼운 삼나무를 문틀과 문틀 사이 너비에 맞춰 주문했습니다.

04 1차로 젯소를 칠하고

05 벽 색깔에 맞게 하얀 페인트를 칠한 다음

06 스토리지 보드 고정판을 나사못으로 부착합니다.

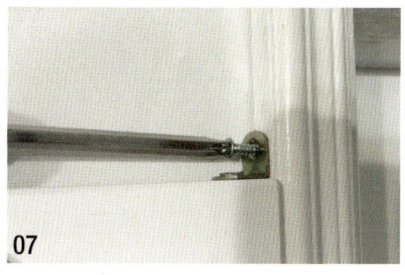

07 삼나무를 벽에 대고 ㄱ자 꺾쇠를 이용하여

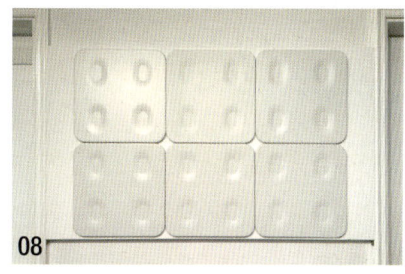

08 네 모퉁이를 문틀에 고정합니다.

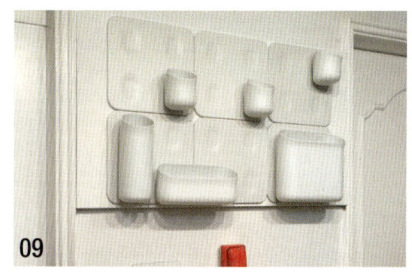

09 컵들을 이리저리 배치해봅니다.

10 벽을 너무 꽉 채웠나 싶기도 하지만 삭막하던 공간에 초록 식물이 생겼다는 의미만으로도 나쁘지는 않구나 싶습니다.

어느 날 보면 스토리지 보드의 위치와 초록이가 바뀌어 있곤 합니다.

아내와 딸도 마음에 드나 봅니다.

거실
토글스위치

하나씩 마음에 걸리는 것을 지워나가는 과정이 인테리어라고 생각합니다. 흰 벽, 흰 스토리지 보드 아래 낡은 스위치가 마음에 걸렸습니다. 욕실 스위치입니다. 평범한 스위치로 교체할까 하다가 제가 어렸을 때는 흔했던 토글스위치를 달아보기로 했습니다. 딸에게 저 어릴 적엔 이런 스위치를 사용했었다고 보여주고 싶기도 했고, 딸깍거리는 아날로그적인 느낌을 다시 느껴보고 싶기도 했습니다. 다행히 딸아이도 매우 마음에 들어 합니다. 재미있다고 계속 올렸다 내렸다 하는 걸 보면 말이죠. 여덟 살 어린이에게 누진세를 어떻게 설명해야 할까요.

사용 재료	토글스위치, 레드파인, 미송합판, 커터칼, 리머, 드라이버, 사포, 스테인, 페인트, 붓, 바니시
재료비	토글스위치 : 1,500원 레드파인 20T : 자투리 목재 사용 미송합판 15T : 자투리 목재 사용
	Total : 1,500원
소요 시간	1시간
난이도	★ ★ ☆ ☆ ☆

Step 1_ 손잡이 만들기

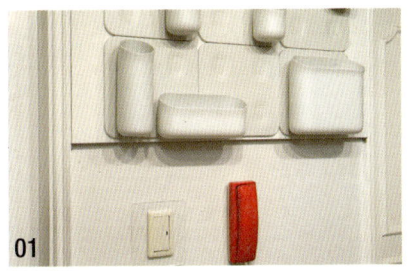

01

하얀 스토리지 보드를 달고 나니 더욱 눈에 띄는 옛 스위치를 교체할 겁니다.

02

자투리 나무를 주워

03

대패와 사포를 이용해 손잡이부터 만듭니다.

04

모양을 다듬고 손잡이가 들어갈 구멍까지 뚫으면

05

토글스위치의 손잡이 덮개가 완성됐습니다.

06

왁스를 두세 차례 발라 마감을 합니다.

Step 2_ 커버 만들기

07

토글스위치의 상세 치수를 잰 뒤

08

스위치 커버가 될 미송 판재를 가공합니다. 무른 나무라 커터칼을 이용했습니다.

09

얇은 합판에 스위치가 들어갈 구멍만 뚫어도 되기는 합니다만 뒤에 홈을 파서 스위치가 들어갈 공간을 마련해주면

10

스위치가 위아래로 움직이는 것까지 잡아줍니다. 유격이 없어지니 단선이나 합선 위험도 줄일 수 있지요.

11

코르크 화분 만들기에도 사용한 리머를 이용해 스위치 크기에 맞춰 타공을 한 뒤

12

하얀 페인트를 칠합니다.

Step 3_ 스위치 연결하기

13

두꺼비집을 끄고 기존 스위치를 분리, 전선과 토글스 위치를 연결하고 절연 테이프를 감습니다. 테이프가 풀리지 않도록 케이블 타이도 감아줍니다.

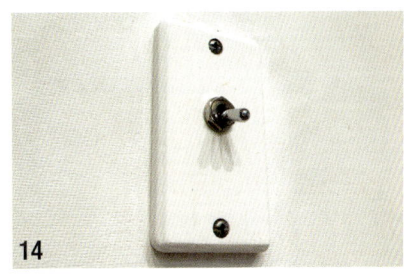

14

나사를 이용해 스위치 커버를 벽면에 고정하고

15

준비해둔 모자를 씌워주면 완성입니다.

16

저 어렸을 적엔 집 안 스위치가 전부 이런 똑딱이였거든 요. 욕실 조명을 켜고 끌 때마다 잠시 옛 생각이 납니다.

베란다 곰팡이 제거

결로 현상으로 인해 외벽과 맞닿는 베란다에 곰팡이가 생겨 늘 애를 먹곤 했습니다. 찾아보니 오랜 아파트건 새 아파트건 같은 고민을 가진 분들이 많더군요. 베란다는 서비스 면적이기 때문에 새 아파트더라도 관리사무소에 책임을 물을 수 없다고 합니다. 예방하려면 단열공사를 제대로 해야 하는데 적은 금액도 아닌지라 매년 락스로 닦아내기만 하다 최근 곰팡이 방지용 기능성 페인트가 꽤 효과가 있다는 말을 듣고 칠해보기로 했습니다. 그리고 1년, 한 차례 겨울이 지났음에도 아직 페인트의 박리 현상도 없고 곰팡이도 안 생기고 있습니다.

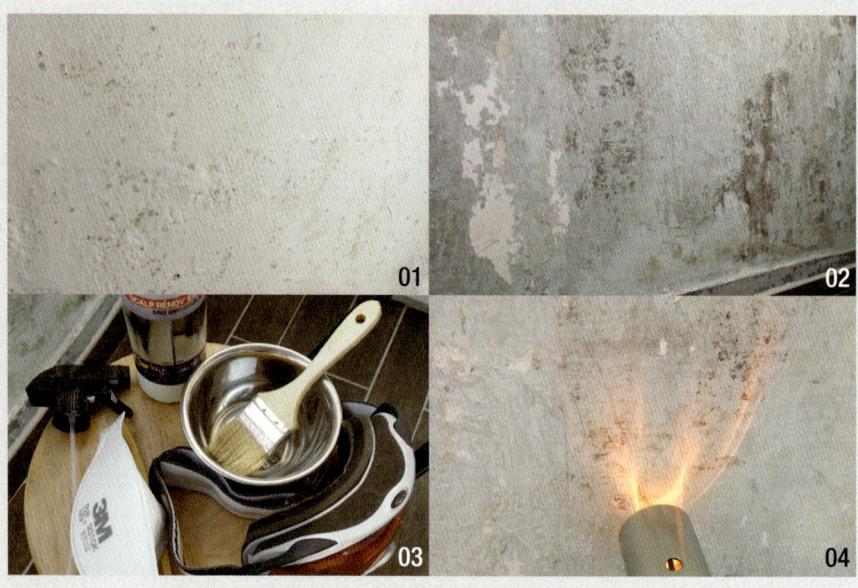

01 저희 집 베란다 벽면입니다. 가까이 보면 달 분화구 같은 풍경이 펼쳐져 있습니다. 02 페인트 박리 현상을 방지하기 위해 헤라와 스크래퍼로 기존 페인트를 꼼꼼히 벗겨냅니다. 03 곰팡이 제거제를 도포합니다. 냄새가 독할 뿐더러 스프레이 분사 시 눈에 들어갈 수 있으니 붓으로 칠하시길 권장합니다. 04 다음 날, 벽면을 토치로 꼼꼼히 그을립니다. 곰팡이를 제거하는 역할과 동시에 페인트칠하기 전 벽면을 바싹 말리는 역할도 합니다.

사용 재료	스칼프, 덤프록, 인슐레드, 페인트, 우레탄폼, 실리콘, 롤러, 붓, 트레이
재료비	스칼프 : 12,000원 덤프록 : 25,000원 페인트 : 재사용 우레탄폼 : 5,500원 실리콘 : 2,000원 인슐레드 : 9,000원
소요 시간	건조 시간 포함 5일
난이도	★ ★ ★ ☆ ☆

05 벽면을 만졌을 때 뽀송뽀송한 느낌이 난다면 방수 페인트를 칠할 차례입니다. 방수 페인트인 덤프록을 24시간 간격으로 3회 칠했습니다. 06 섀시와 벽면 사이에 틈이 있다면 실리콘을 제거하고 우레탄폼을 틈에 분사합니다. 우레탄폼은 급속도로 팽창하는데 이때 엉뚱한 곳까지 묻었다고 물을 묻혀 닦으면 폼이 녹아서 제거하기 더 힘들어지니 완전히 굳을 때까지 기다렸다가 제거해야 합니다. 07 완전히 굳으면 커터칼로 정리합니다. 08 방수 페인트를 24시간 이상 건조시킨 다음 원하는 컬러의 수성페인트와 단열제인 인슐레드 분말을 섞어 3~4회 칠합니다. 09 섀시와 벽면 사이 우레탄폼을 채우느라 제거했던 실리콘을 다시 마감합니다. 10 여러 번을 강조해도 모자란 것은 역시 환기입니다. 겨울철에도 자주 환기를 시켜 습도를 낮추어주면 쾌적한 베란다를 유지할 수 있습니다.

Room

거실은 공통의 공간이라 가족의 활동을 떠올렸다면 방은 개인적 공간이라 휴식을 최우선에 두었습니다. 또한 문이 늘 닫혀 있으므로 하얀색 일색인 공용 공간과 굳이 통일하지 않기로 했습니다. 그러다 보니 무엇을 설치하기보다는 지내기 편안하게 정돈하는 방향 안에서 이따금 과감한 시도가 가능했습니다. 오래돼 낡고 소리 나는 문을 재정비하거나 손잡이를 바꾸는 소소한 변화 속에서도, 톤 다운된 컬러로 벽 색깔을 과감히 바꿔 차분한 공간을 만들고 가구 톤에 맞는 우드 블라인드를 설치해 아내에게 아침잠을 선물한 것이 가장 마음에 드는 변화입니다.

방문
웨인스코팅

저희 집 구조는 현관문과 안방문이 마주보는 구조입니다. 현관문을 칠하고 남은 페인트를 안방문에 칠하면 연결성이 있겠다는 생각이 들어 야밤에 정성껏 칠했습니다. 그러나 막상 칠하고 나니 원하는 느낌이 나오지 않더군요. 현관문은 하얀 패턴이 들어가 있어 답답하지 않은 데 반해 안방문은 단색으로 칠해져 있으니 그럴 만도 했지요. 어떻게 하면 좋을까 고민하다가 문득 웨인스코팅이라는 인테리어 방식이 생각났습니다. 벽이나 문 위에 얇은 나무로 된 프레임을 덧대 장식하는 방식입니다. 마침 저희 안방문에 웨인스코팅 장식이 붙어 있기에 프레임만 흰색으로 칠하기로 했습니다. 페인트도 알뜰하게 사용했고 흰색인 다른 방문들과 달라, 손님들께 '이 방은 부부만의 공간이니 들어가지 마세요.'라는 경각심을 줄 수도 있어 1석 2조로군요.

사용 재료	페인트, 마스킹 테이프, 롤러, 붓, 트레이
재료비	페인트 : 재사용
소요 시간	건조 시간 포함 2시간
난이도	★ ☆ ☆ ☆ ☆

01

가족이 잠든 밤 시간을 이용해 페인트
를 칠했습니다.

02

다음 날, 몰딩만 흰색 페인트로 칠합니
다. 생각과는 다르게 몰딩만 깔끔하게
칠하기가 어렵더군요.

03

급히 나가 마스킹 테이프를 사와서 둘
러주고 다시 칠하기 시작합니다.

04

팁이라면 흰 페인트가 완전히 마르기
전에 마스킹 테이프를 떼야 깔끔하게
떨어집니다. 완전히 마르고 나면 페인
트가 함께 뜯어지는 경우가 있습니다.

05

완성입니다. 흰색 테두리가 자칫 무거
워 보일 수 있는 분위기를 잡아주는 역
할을 톡톡히 하네요.

현관에 들어서면 정면에는 안방문, 그 옆으로는 욕실문이 보입니다. 문 모양은 같지만 색과 손잡이를 다르게 했더니 너무 튀지 않으면서도 재미가 있습니다.

방문 손잡이 바꾸기

방문 손잡이 교체는 집을 꾸미는 방법 중 가장 간단한 방법인 데다 문을 새 문처럼 보이게 하는 효과도 있어 작지만 큰 변화를 줄 수 있는 작업입니다. 손잡이도 다른 인테리어 재료들에 비해 비싼 편도 아니니 빌 게이츠 저택처럼 방이 수없이 많지 않은 이상 큰 부담이 되지 않습니다. 내 집이 아니라 망설이시는 분도 손잡이 정도는 취향껏 교체해보셔도 좋을 듯합니다. 이사 갈 때 원래 손잡이로 바꿔놓고 다시 떼어가면 되니까요. 그만큼 간단합니다.

사용 재료	손잡이, 육각렌치, 드라이버
재료비	손잡이 : 17,000원
소요 시간	30분
난이도	★ ☆ ☆ ☆ ☆

Step 1_ 기존 손잡이 해체

01

해체할 욕실 손잡이입니다. 언젠가부터 코팅이 벗겨져 문을 열 때마다 손에 묻어나오고 있습니다

02

육각 렌치를 사용하여 아랫부분에 위치한 볼트를 풀면

03

손잡이를 분리할 수 있습니다. 옆에 달린 잠금 핀은 나사를 풀 듯 반시계 방향으로 돌려 제거합니다.

04

일자 드라이버 같은 납작한 도구로 커버를 벗기면

05

양쪽 손잡이 본체를 고정하는 본체가 등장합니다.

06

나사를 풀어 문 앞뒤의 본체를 모두 제거합니다.

07

래치에 수직 방향으로 꽂혀 있는 사각축은 오른쪽 작은 고정 버튼을 누르면 빠집니다.

08

사각축이 빠지고 래치만 남은 상태입니다.

09

래치 고정판의 나사 두 개를 풀어

10

래치도 제거하면 해체가 끝났습니다.

Step 2_ 새 손잡이로 교체

11

새 손잡이의 래치를 문틀 안쪽으로 삽입하고

12

래치 볼트의 방향을 맞춥니다. 문을 닫을 때 경사진 면부터 닿도록 하면 됩니다.

13

손잡이를 하나씩 끼웁니다. 안팎 구분은 없지만 잠금장치가 있는 부분이 방 안쪽으로 가도록 합니다.

14

양쪽 손잡이가 사각축에 맞춰 잘 끼워졌는지 확인한 후 나사를 조입니다. 기존 손잡이 제거 시 멀쩡한 래치까지 제거한 이유는, 새 손잡이는 사각축과 손잡이가 일체형이라 기존 것과 호환이 안 되기 때문입니다.

15

분해할 때와 반대로 손잡이를 끼우고 아래의 볼트를 조여 손잡이를 고정하고

16

잠금 핀을 시계 방향으로 돌려 끼우면 완성입니다.

안방 벽
페인팅

안방을 손보고자 할 때 낡은 가구들을 새로 만들고 싶은 마음도 있었지만 아내는 혼수로 해온 가구에 애착이 큽니다. 인테리어를 시작하게 된 계기가 아내를 기쁘게 하기 위해서였는데, 내 마음대로 바꿔버리면 대체 누구를 위한 셀프 인테리어인가 싶어 빛바랜 벽과 천장, 체리색 몰딩을 페인트칠하는 것만으로 변화를 주었습니다.

밝고 환한 느낌의 거실에서 온종일 보내다 하루 끝에 쉬러 밤에 들어왔을 때 다른 공간에 들어섰다는 느낌을 주고 싶었습니다. 그런 이유로 흰색은 제외하고 과감히 파란색으로 칠했습니다. 다행히 가구의 짙은 갈색과 잘 어우러집니다.

사용 재료	페인트, 커버링 테이프, 마스킹 테이프, 롤러, 붓, 트레이
재료비	페인트 : 33,000원 x 2통
소요 시간	건조 시간 포함 4시간
난이도	★ ☆ ☆ ☆ ☆

01 작업 전에 칠할 벽의 너비와 높이를 측정해 페인트 용량을 가늠해봅니다. 페인트 판매 사이트에서 다양한 컬러 선택과 용량 계산이 가능합니다. 4평가량의 벽과 천장은 2쿼터 정도면 칠할 수 있습니다.

02 페인트가 묻지 않도록 커버링 테이프로 창틀과

03 침대를 꽁꽁 싸맵니다.

04 일자 드라이버를 이용해 스위치 커버를 벗긴 다음

05 롤러가 닿기 힘든 부분부터 붓으로 칠합니다. 페인트는 광도에 따라 무광, 벨벳광, 계란광, 저광, 반광, 고광으로 나뉘는데 언급한 순으로 표면이 빛나며 오염도가 적습니다. 벽에는 흔히 벨벳광과 계란광을 사용합니다.

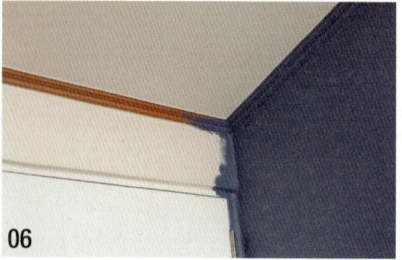

06 체리색 몰딩도 같은 색으로 덮어 층고가 조금이나마 높아 보이는 효과를 꾀했습니다. 젯소를 바르지 않아도 되는 페인트라 벽지 위에 곧바로 페인트를 칠했습니다.

07 롤러가 닿지 않는 모서리 부분 역시 붓으로 칠하고

08 넓은 면적은 롤러를 사용해 칠해나갑니다.

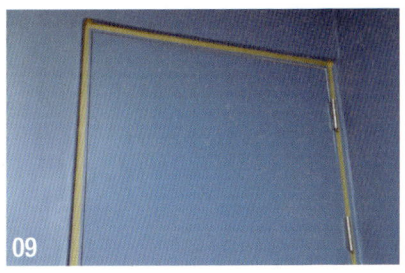

09 방문 가장자리는 섀시와 대칭이 되도록 흰 띠를 둘러 주기로 합니다. 포인트도 되고 어두운 밤에는 문이 여 깁니다 하는 표시가 되겠지요. 마스킹 테이프를 두른 다음

10 흰색 페인트를 칠합니다.

11 그 다음 마스킹 테이프를 떼면 깔끔하게 라인을 만들 어낼 수 있습니다.

12 쾌속결말입니다. 밤새도록 하얗게 아니 파랗게 불태워 칠한 결과물이랄까요.

처음 집을 구할 때 사계절 볕이 잘 드는 집 중심으로 찾았더니 너무 기가 막히게 볕이 잘 들어와 늦잠을 자려고 마음먹은 날에는 안대를 착용하고 자야 했습니다. 커튼을 달까 블라인드를 달까 고민하다가 혼수 가구와 같은 색상의 우드 블라인드를 설치하기로 했습니다. 채광을 관리하는 동시에 갤러리 창 같은 느낌을 낼 수 있도록요.

우드 블라인드는 다양한 나무와 컬러 중에서 골라 제작할 수 있습니다. 집의 분위기에 맞는 나무를 고르고 창문 사이즈에 맞춰 주문하면 됩니다. 주의할 점은 창문보다 10cm 정도는 큰 사이즈로 주문해야 창 위를 넉넉하게 덮을 수 있다는 점입니다.

사용 재료	블라인드, 드라이버
재료비	블라인드(부자재 포함) : 220,000원
소요 시간	30분
난이도	★ ☆ ☆ ☆ ☆

01

섀시 위 커튼박스에 연필로 브래킷을 설치할 자리를
표시합니다.

02

ㄱ자 브래킷을 천장과 벽면에 고정합니다. 크기에 따
라 차이는 있겠지만 블라인드는 대체로 커튼보다 무거
우니 나사를 여러 개 사용하여 튼튼하게 설치하시기
바랍니다.

03

ㄱ자 브래킷에 튀어 나와 있는 돌기에 블라인드가 직
접 체결될 고정쇠를 십자로 얹고

04

브래킷과 일자가 되도록 돌리면

05

브래킷과 고정쇠가 견고하게 고정됩니다. 고정쇠는 앞
뒤로 약간 이동이 가능해 블라인드 위치를 조금은 조
정할 수 있습니다. 블라인드를 거는 부분이 벽 쪽을 향
하게 해야 탈착이 쉽습니다.

06

천장에 설치된 브래킷에 앞의 설명대로 고정쇠를 고정
시키고

07

블라인드를 벽쪽부터 걸어서 딸깍 소리가 나도록 끼웁니다.

08

간단하게 설치가 완료되었습니다.

채광을 조절해 숙면 취하기 좋은 환경을 만든 점보다는 혼수와 어울리는 블라인드를 들여 한결 차분한 분위기가 되었다는 점이 더욱 만족스럽네요.

화장대
조명 만들기

싱크대 조명과 마찬가지로 늘 안방등을 등지고 어둑한 화장대에서 화장하는 아내 모습이 안쓰럽게 느껴졌습니다. 화장대 조명을 사주기 위해 판매 중인 제품을 검색해보니 가격이 만만치가 않았습니다. 저렴한 가격이 무기인 이케아에서조차 무려 10만 원이 넘으니, 이래서 연예인 조명이란 소리를 듣나 싶기도 했습니다. 그래서 직접 만들기로 했습니다. 저렴한 비용은 둘째치고 기성품처럼 정교하진 못하더라도 손수 만들어준다면 매일 화장을 할 때마다 아내에게 사랑과 고마움을 간접적으로나마 전할 수 있지 않을까 싶었습니다.

사용 재료	삼나무, 소켓, 전구, 토글스위치, 도어 캐치, 경첩, 전선, 글루건, 스테인, 붓, 바니시, 목공본드, 홀쏘
재료비	삼나무 12T : 10,000원 **사기 소켓** : 4,000원 **전구** : 24,000원 **전선** : 1,000원 **토글스위치** : 1,500원 **경첩** : 1,000원 **도어 캐치** : 1,000원
	Total : 42,500원
소요 시간	3시간
난이도	★ ★ ☆ ☆ ☆

Step 1_ 조명 박스 만들기

01

삼나무를 목공본드를 사용하여 한 면씩 붙여나갑니다.
옹이가 많긴 하지만 향이 좋고 가벼운 데다 가격이 저
렴해 소품을 만들 때 주로 삼나무를 사용합니다.

02

간단한 구조에 힘을 버티는 물건도 아니기에 넓은 면
과 좁은 면 모두 본드만으로 접합합니다.

03

소켓이 들어갈 구멍을 뚫을 차례입니다. 지름 약 4cm
홀쏘로 구멍을 뚫습니다. 팁이라면 앞쪽에서 반 정도
뚫고

04

뒤쪽에서 나머지 반을 뚫으면

05

목재가 찢어질 위험 없이 타공할 수 있습니다.

06

이 조명의 목적은 여러 방향에서 불빛이 나와 얼굴에
그림자가 드리워지지 않도록 하는 것이니 하나를 더
만듭니다.

Step 2_ 전선 연결하기

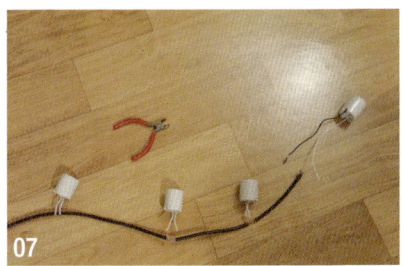

가장 중요한 전선 연결입니다. 검은색 선 중간중간에
소켓을 달 겁니다.

피복 중앙을 벗기고

안의 전선도 한 선씩 조심스럽게 벗겨 중간에 틈을 만
든 다음

소켓의 전선과 하나씩 결속합니다.

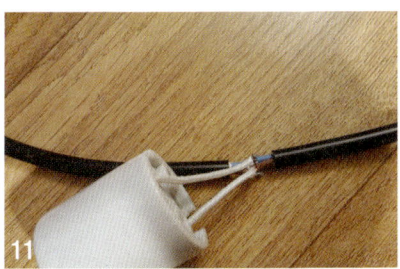

양쪽 다 결속된 모습입니다.

절연테이프를 이용, 전선 각각이 맞닿지 않도록 꼼꼼
히 마감합니다.

Step 3_ 최종 조립하기

뒷면을 통해 소켓을 끼웁니다. 홀쏘 사이즈와 소켓 사이즈가 잘 맞아 별다른 고정 없이 꽉 들어갔습니다.

혹시나 하는 마음에 뒷면에 글루건을 쏴 한 번 더 고정했습니다.

이대로 마무리해도 큰 문제는 없지만 완성도를 위해 뒷판에 경첩을 달고

도어 캐치를 부착해 문제가 생겼을 경우 쉽게 열어 수리할 수 있도록 합니다.

경첩 설치의 정석은 닫은 틈이 벌어지지 않도록 경첩 두께만큼 목재를 파주어야 하는데 다음 날 출근을 생각하면 그렇게까지 할 시간은 없을 것 같더군요.

스위치를 달 차례입니다. 옆면 적당한 위치에 리머를 이용해 구멍을 뚫고

토글스위치를 부착합니다.

내부에서 스위치와 전선을 연결해줍니다.

마지막으로 전선 끝부분에 플러그를 답니다. 저희 집은 오래된 집이라 콘센트에 접지(그라운드)가 없어 두 선만 연결하였습니다.

전구를 꽂은 모습입니다.

고정된 조명이 아니니 나중에 거울이 바뀌어도 다르게 사용할 수 있지요.

화장대 색상에 맞춰 스테인을 칠한 후 전체적으로 왁스를 발라 완성했습니다.

침대 사이드
선반 달기

전자파 따위는 아랑곳 않고 잠들기 직전까지 핸드폰을 붙들고 사는 제 라이프스타일에 맞춰 책 한두 권과 핸드폰, 스탠드 등을 올려놓을 수 있도록 침대 머리맡에 선반을 달았습니다. 협탁을 만들어버릴까도 생각했지만 좁은 집일수록 바닥을 띄워놓아야 넓어 보이기도 하고 청소하기도 편하니 여러모로 선반이 괜찮은 듯했습니다.

사용 재료	삼나무, 찬넬선반, 석고보드용 앙카, 드라이버, 스테인, 붓, 바니시
재료비	삼나무 12T : 4,000원 찬넬선반 : 18,000원 석고보드용 앙카 : 400원 x 4개
	Total : 23,600원
소요 시간	1시간
난이도	★ ☆ ☆ ☆ ☆

01

선반이 달릴 안방과 베란다 사이 벽은 석고보드로 되
어 있어, 토우 앙카라고도 불리는 석고보드용 앙카를
사용해야 합니다.

02

나사산이 넓은 칼블럭을 십자드라이버를 이용해 원하
는 위치에 고정한 다음

03

동봉된 나사를 넣으면 견고하게 고정됩니다.

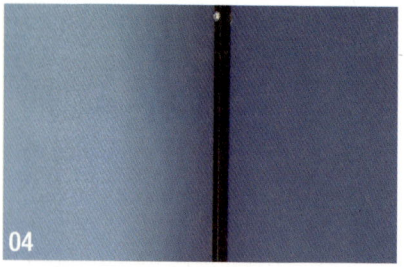

04

앞에 설명한 방법으로 찬넬 기둥을 고정하고

05

원하는 간격과 높이로 선반을 나란히 설치하고 받침대
를 꽂았습니다.

06

선반 받침대를 기둥 홀에 맞춰 끼운 뒤에 중앙 너트를
돌리면 기둥에 단단히 체결됩니다.

288

스테인으로 침대 헤드와 비슷한 색을 입힌 선반을 올려 침대 사이드에 저만의 공간을 완성했습니다.

처진 방문 올리기

아파트가 20년이 훌쩍 넘다 보니 방문들이 중력을 이기지 못해 위쪽에 빈틈이 보일 정도로 처졌습니다. 집주인이 바뀔 때마다 페인트가 새로 덧칠돼 무게도 상당할 테니 그럴 만도 합니다. 이 방법은 오래된 가구에도 활용 가능합니다. 퇴근 후 늦은 시간에 하느라 저는 한 손에 드라이버, 입엔 나사를 물고 했지만 방문 무게가 무거우니 가족 도움을 받아 하시길 권합니다.

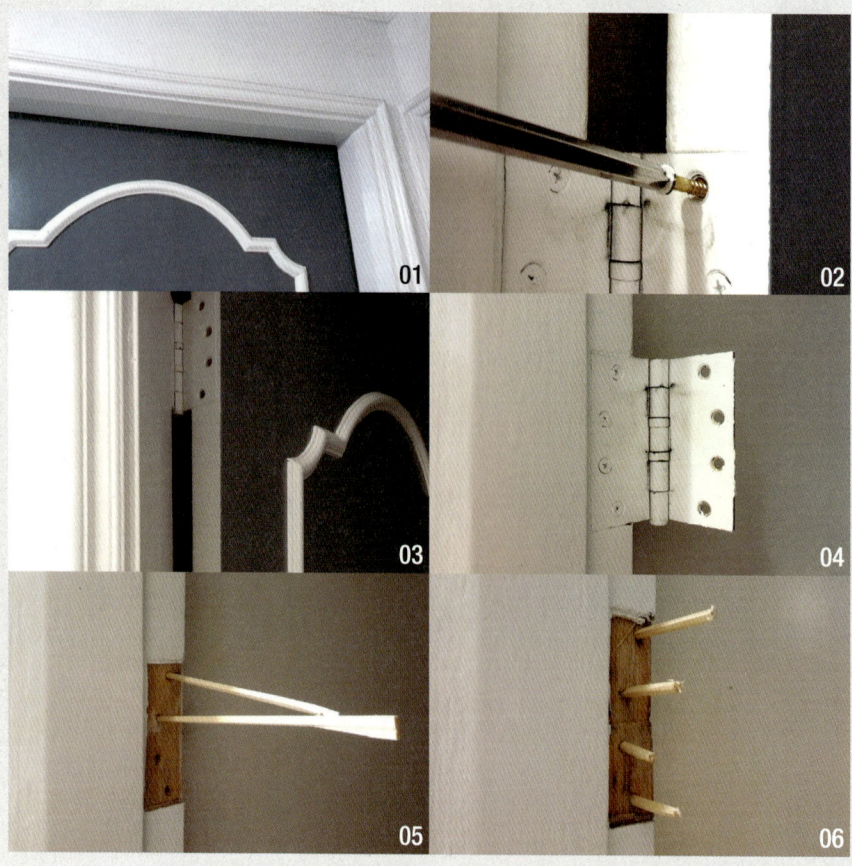

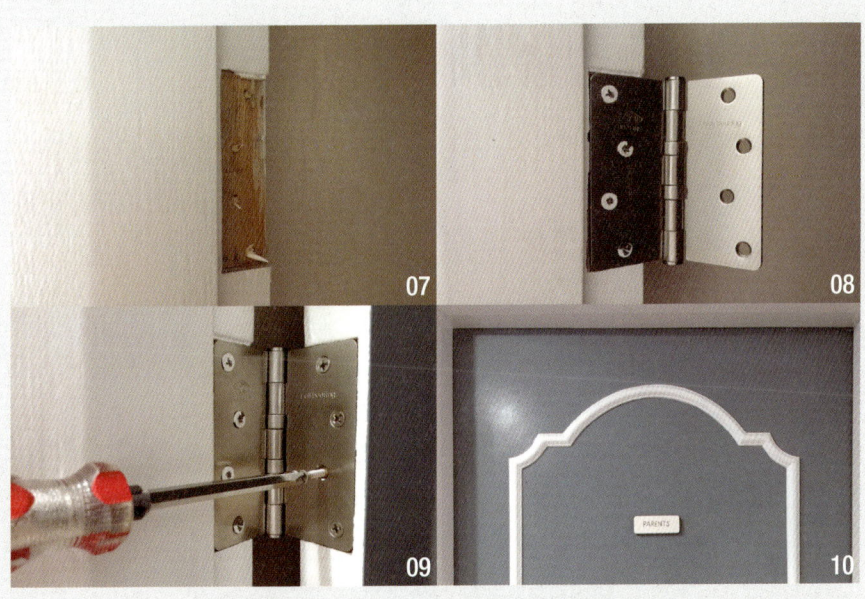

01 얼핏 보면 멀쩡해 보이지만 위로 빈틈이 보일 정도로 처진 방문입니다. 02 기존 경첩의 나사들을 하나씩 풀고 03 문이 안 떨어집니다. 워낙 오래된 집이라 수없이 덧칠된 페인트 덕에 딱 붙어 있습니다. 04 일자 드라이버와 고무망치를 이용해 살살 두드려 분리합니다. 05 경첩 제거 후 그대로 나사를 꽂으면 헐거우니 나무젓가락을 구멍에 끼우고 06 더 이상 들어가지 않을 때까지 고무망치로 두드려 넣어줍니다. 07 튀어나온 부분은 부러뜨립니다. 문의 나사 자리도 같은 방식으로 메꿔줍니다. 08 새로 산 경첩을 달 차례입니다. 09 문과 경첩을 연결하면 끝났습니다. 10 새 경첩으로 짱짱하게 올려 단 문입니다.

LED등 교체, 잔광 제거 콘덴서 사용법

오래된 딸아이 방 등을 갈아주기로 했습니다. 초등학생 아이의 취향을 존중하여 최대한 손대지 않는 장소입니다만, 등만큼은 시력과 직결되어 있는 문제니 딸아이의 허락을 받아 LED등으로 교체했습니다.

Step 1_ LED등 설치

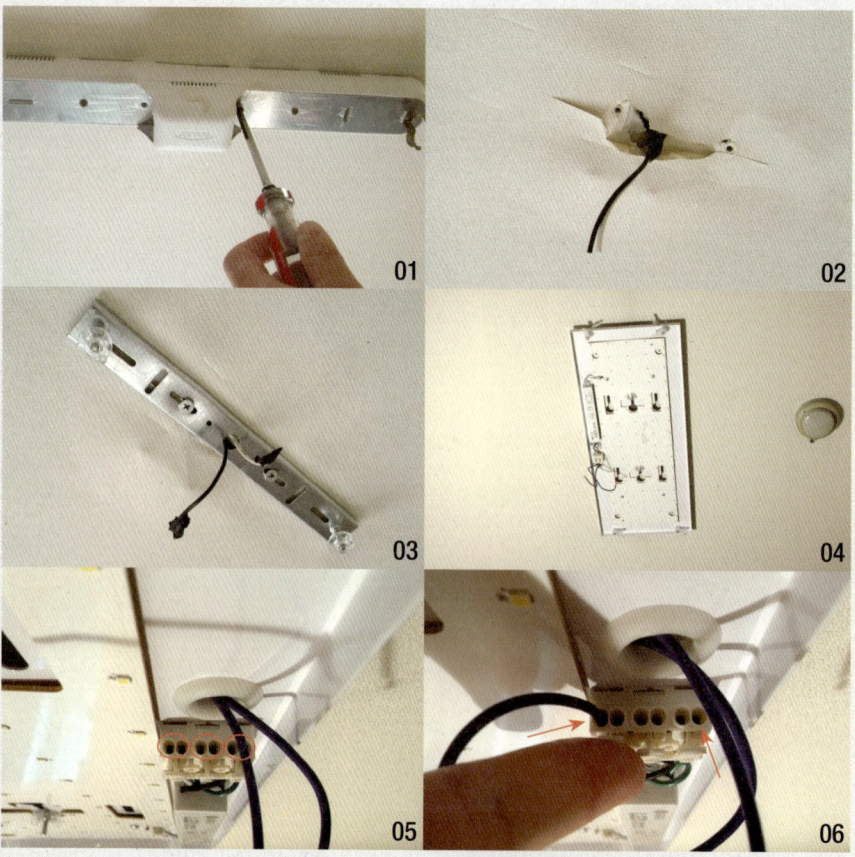

01 기존 등에서 형광등을 뺀 뒤 드라이버를 풀어 등을 분리합니다. 02 도구에 의해 합선이 될 수 있으므로 전원선을 한 선씩 단선시킵니다. 두꺼비집을 내리고 작업한다면 한꺼번에 잘라도 괜찮습니다. 03 새로 구입한 등에 동봉된 브래킷을 천장의 나사 자리에 맞춰 나사로 고정합니다. 04 본체를 브래킷에 끼워 천장에 답니다. 05 천장에서 내려오는 전선을 등과 연결할 차례입니다. 06 보이는 구멍은 6개이지만 2개 한 묶음으로, 접지를 포함 총 3개의 연결 단자가 있는 셈입니다. 고정 장치를 눌러 전선을 양 끝 구멍에 하나씩 꽂습니다.

Step 2_ 잔광 제거 콘덴서 설치

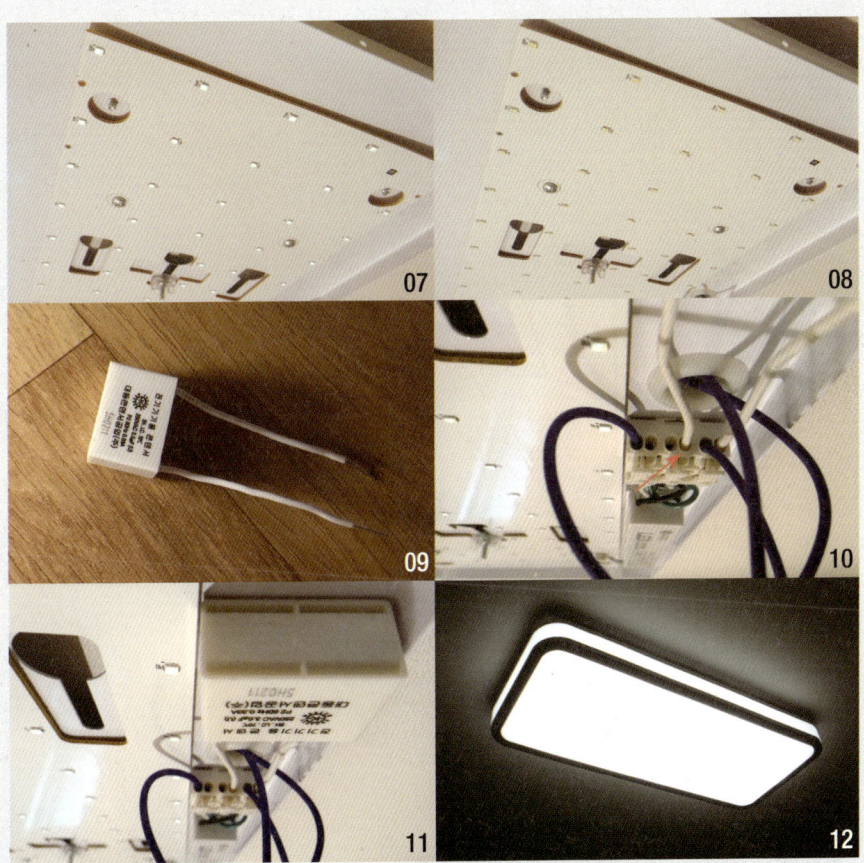

07 두 선을 모두 넣은 상태입니다. 잔류 전기로 인해 스위치를 켜지 않아도 미세하게 불이 들어옵니다. 오래된 집의 경우 LED등으로 교체 시 이런 현상이 나타날 수 있다고 합니다. 08 일단 꽂았던 전원선을 다시 뽑아둡시다. 09 LED등 주문 시 함께 온 잔광제거 콘덴서입니다. 정석은 천장의 전원선과 한 묶음으로, 전원선 바로 옆 구멍에 하나씩 꽂는 것입니다. 10 그러나 변수 발생. 나란히 꽂아도 잔광이 없어지지 않더군요. 혹시나 하는 마음에 한 선은 접지 구멍에 꽂으니 없어졌습니다. 소 뒷걸음질 치다가 쥐 잡은 격입니다. 11 양면테이프로 잔광 제거 콘덴서를 LED등 본체에 고정시켰습니다. 12 완성입니다.

안 쓰는 콘센트 막기

서재라고 부르고 창고로 사용하는 방을 정리하다 책장 뒤에 사용하지 않는 콘센트를 발견했습니다. 아이가 기어 다닐 때 꽂아둔 안전 커버를 여태 뽑지 않았으니 앞으로도 사용하지 않을 것 같아 안전과 미적인 이유로 하얀 커버로 막기로 했습니다. 물론 안전사고 예방을 위해서 차단기는 반드시 내리고 하시기 바랍니다.

Step 1_ 임시로 덮기

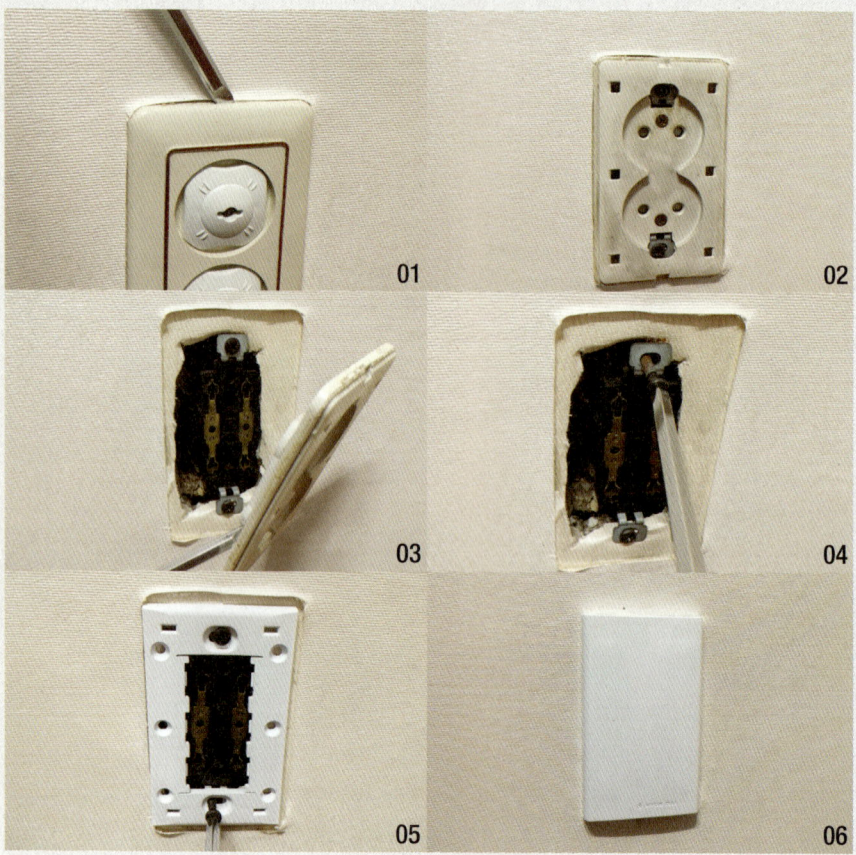

01 이제 사라질 콘센트입니다. 일자드라이버로 틈을 벌려서 02 바깥 커버를 벗기고 십자드라이버로 나사를 풀어줍니다. 03 속 커버를 열면 콘센트 내부가 보입니다. 04 기존 나사를 재활용하기 위해 잠시 풀었다가 05 새로운 커버 고정판을 나사 자리에 맞춰 고정합니다. 06 커버는 손바닥으로 두드리면 딸깍 소리와 함께 쉽게 결합됩니다.

Step 2_ 콘센트 완전히 제거하기

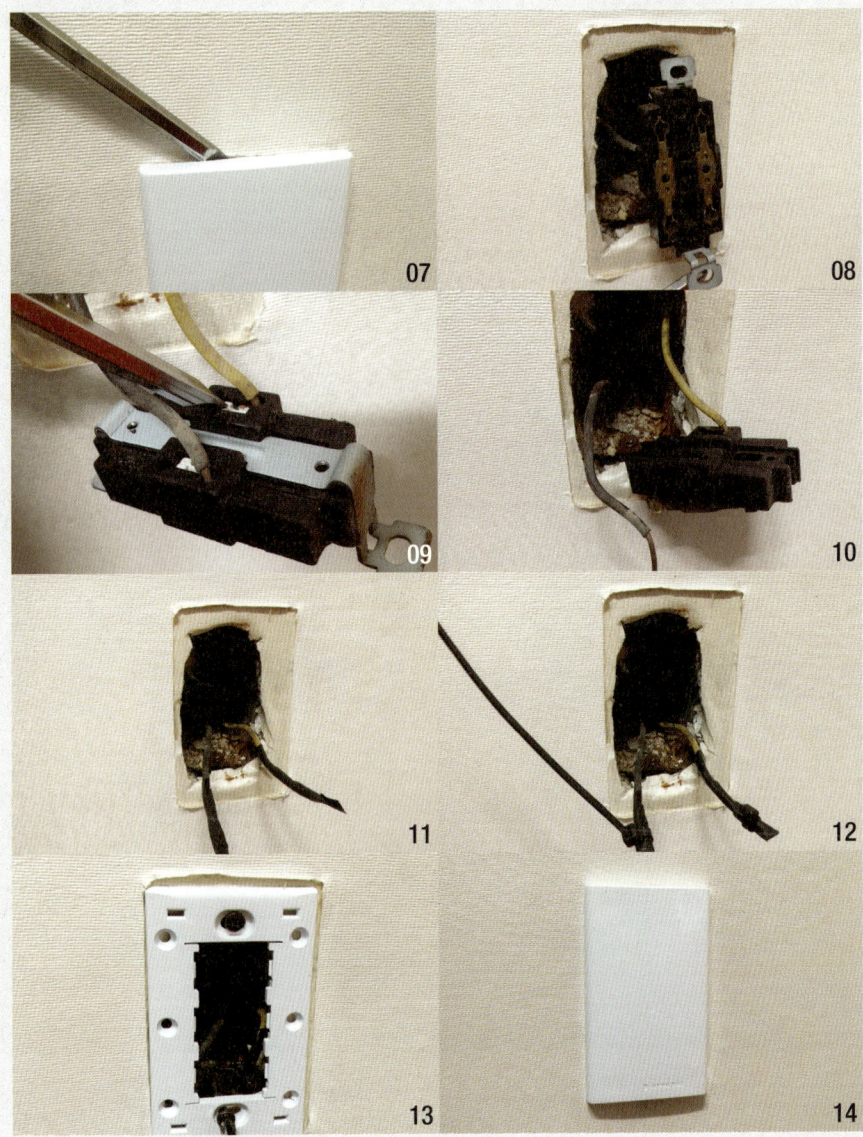

07 몇 분 뒤 다시 뜯어냅니다. 혹시 나중에 쓸까 싶어 몸체는 남겨놨는데 작업을 마치고 나니 아내가 절대 다시 쓸 일이 없다고 했거든요. **08** 속커버를 뜯어내고 몸체를 앞으로 끄집어냅니다. **09** 뒷면 하얀색 플라스틱 부분을 꾹 눌러 전선을 뽑습니다. 새 콘센트 커버로 교체할 때는 다시 저 흰 플라스틱을 누른 상태로 전선을 넣게 되겠죠. **10** 차단기를 내리지 않고 두 선을 동시에 건드리면 감전될 수 있으니 각별히 주의하셔야 합니다. **11** 두 선이 다시는 만나지 못하도록 각자 절연테이프로 감아주고 **12** 풀림 방지를 위해 케이블 타이로 탄탄히 고정합니다. **13** 두 번째 조립. **14** 두 번째 딸깍.

참 마음에 드는 우리 집입니다

저희 집은 25평 복도식 아파트입니다. 계약 당시 부동산에서 25평이라 했으니 저도 지금껏 우리 집이 25평이구나 생각하며 살았지요. 다른 집에 비해 좁은 느낌이 들었지만 '옛날 구조라 그런가?' 하고 넘겼습니다. 책에 기재하기 위해 동네 인테리어 가게 사장님께 여쭤보니 복도와 베란다를 제외하면 실평수는 17평이라고 하더군요. 이 집에 산 지 9년 만에 알게 된 사실입니다.

17평. 작다면 작은 공간이지만 아직은 좀 더 살아야 하는 우리 집입니다. 인테리어 잡지에 나오는 곳 같은 화려한 집은 안 되더라도 아내와 딸이 만족하는 놀이 공간이자 휴식 공간으로 만들어주고 싶었습니다. 저에게 주거의 기능은 재산으로서의 가치가 아닌 심리적 안정을 얻는 장소이거든요.

사람들마다 좋아하는 취향은 다를 수 있겠지만 처음 집을 꾸미기 시작할 때 저는 금전적인 부분과 미적인 부분을 동시에 충족시킬 수 있는 것들을 찾아다녔습니다. 엄밀하게 말하면 미적인 부분이 더욱 컸다고 말할 수 있겠네요. 영국 정통 클래식 스타일을 대표하는 체스터필드 소파나 한스 웨그너의 의자, 아르네 야콥센의 테이블, 그리고 포올 헤닝센의 조명 등등 존재감 강한 거장 디자이너의 작품들이 집안 곳곳에 분포해 있는 그런 인테리어 자료들을 보며 의지를 불태웠으니 그럴 수밖에요.

하지만 그런 자료들을 한참 보다 문득 좁은 집을 뒤돌아보고, 통장의 잔고를 확인해보면 사실 이게 굉장히 어렵습니다. 공간과 돈에 많은 여유가 있지 않고서는 모든 것을 다 갖추기란 정말 어렵지요. 때문에 어느 정도 적정선에서 타협을 해야 합니다. 그리고 값비싼 제품을 갖

다놓고 무작정 따라하는 인테리어가 아닌 본인의 개성이 담긴 공간을 만들어 나간다는 방향으로 접근을 하는 것이 진정한 셀프 인테리어가 아닌가 싶습니다. 비용을 최대한 줄여 집을 꾸미고 싶은 마음에 하는 것이 셀프 인테리어니까요. 물론 궁극적인 목적은 우리 가족이 행복함을 느낄 수 있는 공간을 만드는 것이었고요.

"엄마, 친구들 집에 초대해도 돼요?"
요즘 딸아이의 손님 초대가 부쩍 늘었다며 어느 날 아내가 이야기합니다. 단기간에 완전히 뜯어 고친 것이 아니고 어느 밤에는 스위치 하나, 어느 밤에는 선반 하나, 작게 고쳐 나간 집이다 보니 늘 살고 있는 가족은 큰 변화를 못 느끼고 있는 줄 알았는데 아이의 만족감은 친구들을 초대하고 싶은 마음으로 표현되고 있었나 봅니다. 세상 모든 사람에게 완벽한 집은 아니겠지만 목적한 바를 이뤄가고 있는 것 같아 보람이 듭니다.

최대한 친절한 책을 만들었습니다
셀프 인테리어를 하고 싶은데 어렵고 귀찮아 망설이시는 분들, 재주가 없다고 생각하시는 분들도 그냥 따라만 하면 되는 책을 만들고 싶었습니다. 사실 어떤 분야의 지식을 갖추는 것과 그것을 초심자의 수준에서 정리하고 하나의 스토리로 엮어 흥미롭게 전달한다는 것은 결코 같은 게 아닙니다만 되도록 난이도와 소요 시간을 한눈에 파악할 수 있도록 표기했습니다. 여유 시간과 숙련도에 따라 하나씩 시도해보시기 바랍니다.

가장 신경을 쓴 부분은 가구를 만들 때 필요한 도면과 재단 요청서입니다. 그간 그림판을 이용해 도면을 그리는 적도 간혹 있었지만, 많은 경우 손으로 대충 스케치한 도면을 토대로 목재를 계산해 주문하곤 했습니다. 하지만 도면을 그리고 상세 사이즈를 계산해 목재를 주문하는 것이 까다롭다는 걸 잘 알고 있기에, 상세 도면과 재단 사이즈를 정리했습니다.

요즘 가히 셀프 인테리어의 춘추전국시대라 불릴 만합니다. 계속되는 불황 속에서도 인테리어 재료와 소품을 파는 곳들의 매출은 해마다 올라가고 있다 하니 실제로 저처럼 집을 변화시키기를 원하시는 분들이 많다는 것을 방증하는 것이기도 하죠. 이런 트렌드를 반영하듯 각 방송사에서도 집을 변신시키는 프로그램이 앞 다투어 방영되고, 포털사이트 메인 화면만 봐도 여러 인테리어 정보와 자료가 범람하는 요즘, 책을 내는 것에 부담이 없었다면 거짓말일 겁니다. 다만 누구라도 이 책을 통하여 '야근을 밥 먹듯 하는 평범한 회사원도 했는데 나도 해볼까?' 하는 도전 정신을 불러일으킬 수 있다면 저는 그것만으로도 만족합니다.

실패해도 어차피 한 달 5만 원이고, 내가 사는 공간이니 망치면 어떡하나 하는 생각은 접어두고, 기대치를 살짝 낮추고 일단 시작해보시길 바랍니다. 완성하고 난 뒤의 성취감도 크지만, 예쁜 집을 꿈꾸며 몰두하는 시간 자체도 즐거우실 겁니다. 저 역시 집안 곳곳에 제가 손수 만들어놓은 것들을 볼 때마다 즐거웠던 작업 과정이 떠오르곤 합니다. 뭐 꼭 스토리텔링 따위 거창한 단어를 꺼내지 않아도 집안 곳곳에 나의 이야기가 담긴다는 건 집을 꾸미면서 부수적으로 따라오는 재미있는 일이지요.

'언제까지 어느 부분을 완벽하게 만들어야지!'라는 생각보다는 '조금만 나은 환경에서 살겠다.'는 생각으로 시작하시면 좋겠습니다. 천천히 정성을 들여가며 변화시키는 재미를 느낄 수 있도록, 살면서 꾸준히 쉬엄쉬엄 만들어나가는 것 말이죠.
'생각은 햄릿처럼, 행동은 돈키호테처럼.'

한 달 5만 원 인테리어

1판 1쇄 인쇄 2016년 11월 23일
1판 1쇄 발행 2016년 12월 1일

지은이 김희원
발행인 양원석
본부장 김순미
편집장 최두은
책임편집 황지영
디자인 designgroup ALL
해외저작권 황지현
제작 문태일
영업마케팅 이영인, 박민범, 양근모, 장현기, 이주형, 이선미, 이규진
펴낸 곳 ㈜알에이치코리아
주소 서울시 금천구 가산디지털2로 53, 20층(가산동, 한라시그마밸리)

편집문의 02-6443-8868 **구입문의** 02-6443-8838
홈페이지 http://rhk.co.kr
등록 2004년 1월 15일 제2-3726호
ISBN 978-89-255-6056-4 (13590)

※ 이 책은 ㈜알에이치코리아가 저작권자와의 계약에 따라 발행한 것이므로
   본사의 서면 허락 없이는 어떠한 형태나 수단으로도 이 책의 내용을 이용하지 못합니다.
※ 잘못된 책은 구입하신 서점에서 바꾸어 드립니다.
※ 책값은 뒤표지에 있습니다.